Spaziergang du
die Jahrzehnt

HEINZ FISCHER

Spaziergang durch die Jahrzehnte

begleitet von Herbert Lackner

Mit einem Vorwort von Hugo Portisch und Zwischenrufen
von Edith Stumpf, Ferdinand Lacina, Peter Kaiser, Heide Schmidt,
Wolfgang Schüssel, Andreas Khol und Susanne Gaugl

ecoWIN

1. Auflage
© 2018 Ecowin Verlag bei Benevento Publishing Salzburg – München
eine Marke der Red Bull Media House GmbH, Wals bei Salzburg

Medieninhaber, Verleger und Herausgeber:
Red Bull Media House GmbH
Oberst-Lepperdinger-Straße 11–15
5071 Wals bei Salzburg, Österreich

Satz: MEDIA DESIGN: RIZNER.AT
Umschlaggestaltung: b3K design, Andrea Schneider, diceindustries
Fotos: S. 10, 186, 208: Heribert Corn; S. 16, 26: Archiv des Autors;
S. 30: Peter Lehner / Kurier / picturedesk.com; S. 69: Walter Henisch;
S. 82: Didi Sattmann / Imagno / picturedesk.com; S. 133: Walter Wobrazek / profil;
S. 154: Hans Klaus Techt / APA / picturedesk.com.
Printed in Europe
ISBN 978-3-7110-0176-4

Inhalt

»Mitgelebte Republik«

Ein aufregendes, ein spannendes Buch. Heinz Fischer erklärt uns im Gespräch mit Herbert Lackner, was er immer schon leidenschaftlich getan hat: die Geschichte der Zweiten Republik Österreich. Aber diesmal nicht als abwägender Historiker, sondern als einer, der fast immer mit dabei war, wenn es um entscheidende Momente in dieser Republik ging. Und der auch durchaus bereit war, dabei selbst einzugreifen, wenn es darum ging, zumindest Ärgeres zu verhindern. Er tut das gemäß einer Erkenntnis, die, wie er es schildert, sein politisches Leben schon in seiner Studentenzeit geprägt hat: »Man ist nicht gut beraten, sein ganzes Gewicht in eine Waagschale zu werfen, wenn man sich um die Überwindung eines Konfliktes, um die Gemeinsamkeit bemüht.«

Damit zieht Fischer die wichtigste Lehre aus dem Vermächtnis, das uns die Erste Republik hinterlassen hat. Nie wieder zuzulassen, dass gegenseitiges Misstrauen und Hass die Menschen zu Intoleranz und gegenseitiger, unüberwindbarer Feindschaft verleiten. Momente dieser Art hat es in der normalerweise so friedlich wirkenden Zweiten Republik doch immer wieder gegeben. Fischer zeigt sie alle auf und erklärt zum ersten Mal, wie es möglich war, sie zu überwinden oder doch zumindest einzudämmen: Die Olah-

Krise, die Kreisky-Androsch-Krise, die Kreisky-Wiesenthal-Krise, die Waldheim-Krise, unsere lange Flüchtlingskrise. Und Heinz Fischer bleibt nicht bei der Vergangenheit, er wendet sich auch den Fragen der unmittelbaren Gegenwart zu mit einem klaren Urteil: »Ich finde es besorgniserregend, um nicht zu sagen abstoßend, wie derzeit versucht wird, gegen Menschen in besonders schwierigen Lebensumständen, also gegen Bezieher der Mindestsicherung oder gegen Flüchtlinge, Stimmung zu machen und sich vom Boulevard dafür loben zu lassen. Mindestsicherung heißt Mindestsicherung. Wie will man ein Minimum um ein Drittel einsparen? So löst man das Problem nicht, so macht man es unlösbar.« Den Bundeskanzler warnt Fischer »zu versuchen, die Sozialpartnerschaft zu schwächen und damit die Lehren unserer Geschichte in den Wind zu schlagen«. Damit würde »einer der großen Standortvorteile Österreichs – soziale Stabilität, soziale Ausgewogenheit und die Fähigkeit und Bereitschaft zum Kompromiss – aufs Spiel gesetzt«. Und das könnte sehr unangenehm werden.

Auch über die Europa-Politik sei er »manchmal erstaunt«. Und sagt dazu: »Das Koalitionsabkommen enthält – aus verständlichen Gründen – viele richtige Worte zu Europa. Aber die Grundphilosophie aller Europafreunde sei es doch, eine immer engere Zusammenarbeit anzustreben.« »Davon«, meint Fischer »ist in Österreich – und auch in einigen anderen Staaten, die ich nicht aufzählen muss – in der letzten Zeit wenig zu merken.«

Heute begänne sich in verschiedenen Ländern ein problematischer und egoistischer Nationalismus zu entwickeln, der die Kraft haben könnte, Europa von einer positiven und friedlichen Entwicklung, wie sie in den letzten Jahrzehnten zu verzeichnen gewesen sei, abzubringen. Doch Heinz Fischer setzt dem seine eigene Überzeugung entgegen, mit dem Bekenntnis: »Ich aber bleibe Optimist und hoffe, dass die derzeit stärker gewordenen Tendenzen in Richtung Nationalismus, Egoismus und Illiberalität keine Dauerströmung bleiben werden. Vielmehr müssen sich Weltoffenheit, Aufgeschlossenheit, Solidarität, Pluralismus und Toleranz wieder verstärkt durchsetzen.«

Herbert Lackner ist der Gesprächspartner Heinz Fischers in diesem Buch. Alle, die Lackner von seiner jahrelangen journalistischen Arbeit kennen, seine Kompetenz und Objektivität, werden sich an der Verlässlichkeit und Lebendigkeit der Aufzeichnung dieser Gespräche erfreuen.

Hugo Portisch

Heinz Fischer vor seiner ehemaligen Volksschule: »Ich hatte Zeit und Lust auf Unfug.«

Wo alles begann

Heinz Fischers Hietzing

Von Herbert Lackner

Die Telefonnummern weiß er noch auswendig: 82 15 35, das war die von Johanna Holaubek; 82 12 93 hatte Johanna Broda. Ist ja auch gerade erst 65 Jahre her, dass Heinz Fischer eine der beiden Johannas – oder auch alle zwei – angerufen hat. Damals war er 15, und sie gehörten zu seiner »Partie«. Damals, 1953, als er in Hietzing eine Bezirksgruppe des »Sozialistischen Mittelschülers« gründete: Die Tochter des Polizeipräsidenten Holaubek, die Tochter von Justizminister Broda, Fritz Gehart, Sohn des Staatssekretärs im Handelsministerium, Brigitte Schärf, Nichte des Parteivorsitzenden und Vizekanzlers, John Sailer, Sohn des stellvertretenden Chefredakteurs der *Arbeiter-Zeitung*, Thomas Lachs, dessen Vater der Chef des Kontrollamtes der Stadt Wien war. Auch der kinderlose Wiener Personal-Stadtrat Josef Afritsch wohnte hier, der später noch Innenminister werden sollte.

Warum es sie alle, eine Art »roter Adel«, in den paar Straßenzügen zwischen Lainzer Straße, Hörndlwald und Rotem Berg zusammengeweht hat, weiß Heinz Fischer auch nicht. Aber hier in Hietzing hat sie begonnen, die Sache mit der Politik.

Ausgerechnet in Hietzing, neben Döbling heute *der* Nobelbezirk Wiens, hatte sich eine kleine Kolonie damals gerade aufstrebender Sozialdemokraten gebildet, durchwegs zwischen 30 und 40 Jahre alt.

Hietzing war zu dieser Zeit sozial noch einigermaßen durchmischt, steigende Grundstückspreise machen heute große Teile des Bezirkes für Durchschnittsverdiener unerschwinglich. Zu pittoresk ist dieser Teil von Wien, eingebettet zwischen Schönbrunn und dem kleinen Fluss, der den Namen der Stadt trägt, dem Wienerwald und den Weingärten im Süden der Stadt.

Öfter als in jedem anderen Wiener Gemeindebezirk hatten hier die Mehrheiten zwischen ÖVP und SPÖ gewechselt. Die ÖVP hatte länger die Nase vorn und stellt nun schon seit 40 Jahren ununterbrochen den Bezirksvorsteher.

Das hatte sie auch damals im ersten Nachkriegsjahrzehnt, als sich die jungen Sozialdemokraten hier ansiedelten. Es war keine geplante rote Wagenburg, viele der Zuzügler waren von den Stürmen der Zeit eher zufällig hierher geblasen worden. Die Familie Sailer etwa – Sohn John zählt noch heute zu Heinz Fischers engsten Freunden – hatten eine abenteuerliche Flucht vor den Nazis hinter sich. Die Sailers hatten sich quer durch Frankreich, über die Pyrenäen nach Spanien und schließlich bis Portugal durchgeschlagen, bevor sie im Oktober 1940 in Lissabon vom amerikanischen Fluchthelfer Varian Fry mit Schiffskarten nach New York ausgestattet wurden. 1946, nach ihrer Rückkehr aus den USA, fanden die Sailers in Hietzing ihre neue Heimat.

Die Familie Lachs kam ein Jahr später, 1947, aus dem amerikanischen Exil und fand Quartier in Wien-Alsergrund, wo Sohn Thomas eine Bezirksgruppe der Sozialistischen Mittelschüler gründete. Mehrmals im Monat besuchte er die von Heinz Fischer geleitete Bezirksgruppe Hietzing. Auch er ist bis heute einer der engsten Freunde Fischers. Thomas Lachs und seine Eltern hätten die Flucht beinahe nicht überlebt. Ernst Lachs, Sekretär des Wiener Bürgermeisters Karl Seitz, seine Frau Minna, eine Lehrerin, und der dreijährige Sohn Thomas waren 1941 von der Schweiz nach Südspanien abgeschoben worden. Dort wartete ein heruntergekommener Dampfer, der sie in die USA bringen sollte. An Bord waren 600 jüdische Flüchtlinge. Bald nach dem Auslaufen begann die Mannschaft, Frauen zu vergewaltigen. Mitten im Atlantik brach Typhus aus, die *Navemar* durfte keinen Hafen ansteuern. Als das Schiff nach 48 Tagen in New York einlief, lebten mehr als 100 Flüchtlinge nicht mehr, bis auf drei waren alle Kinder gestorben. Einer der Überlebenden war Thomas Lachs, der bei der Rückkehr nach Wien acht Jahre alt war und sich in Hietzing neue Freunde suchen musste, was gar nicht so einfach war: Der kleine Tommy sprach weit besser Englisch als Deutsch.

Ein anderer Neu-Hietzinger kam aus dem Untergrund. Der Jurist Christian Broda, bei Kriegsende ist er 29 Jahre alt, war bis 1934 bei sozialdemokratischen Jugendorganisationen gewesen und hatte sich danach den ebenfalls illegalen Kommunisten angeschlossen. In der Wehrmacht hatte Broda Kontakt zu einer Widerstandsgruppe und wurde mit viel Glück nur zu einer mehrmonatigen Haftstrafe verurteilt. Das Kriegsende erlebte Broda nach seiner Desertion als Mitglied einer Widerstandsgruppe in Ried im Innkreis.

Schon im Sommer 1945 wechselte er von der KPÖ zurück zu den Sozialdemokraten und zog nach Hietzing.

Auch die Fischers hatten dramatische Ereignisse nach Hietzing verschlagen. Heinz Fischers Vater Rudolf, ein Jurist, hatte in Wien keine Arbeit gefunden und war 1933 mit seiner Frau Emma nach Graz übersiedelt, wo ihm ein Posten im Magistrat angeboten worden war. Sechs Jahre später wurde dem Ehepaar Fischer in Graz Sohn Heinz geboren. 1939 wurde Rudolf Fischer gekündigt, weil er zwar eine »arische« Mutter, aber einen jüdischen Vater hatte. Damit war auch die vom Grazer Magistrat gestellte Wohnung weg. Die drei Fischers – Schwester Edith wird später geboren – übersiedelten in ein Haus in der Hietzinger Jagdschlossgasse, das von Rudolf Fischers Schwester und deren Mann Otto Sagmeister bewohnt wurde, die ebenfalls Kinder hatten. Dazu kamen noch die Großeltern. Zeitweise wohnten elf Personen im Haus in der Jagdschlossgasse. Gab es Fliegeralarm, lief man zum Luftschutzkeller am Küniglberg. Im Haus in der Jagdschlossgasse wurde viel über Politik gesprochen: Otto Sagmeister war vor 1934 Geschäftsleiter beim roten Konsum gewesen. Wie sein Schwager Rudolf Fischer galt er als »jüdisch versippt« und daher nicht würdig, in der Wehrmacht zu dienen. Als Rudolf Fischer noch kurz vor Kriegsende zu Hitlers letztem Aufgebot, dem »Volkssturm« einberufen wird, taucht er ab.

1947 wurde Sagmeister Ernährungsminister in der Regierung Leopold Figls. Heinz Fischers Eltern waren zwar eingeschriebene SPÖ-Mitglieder, aber keine Funktionäre. Vater Rudolf betätigte sich in der Juristengruppe des Bundes Sozialistischer Akademiker.

Ab 1946 wohnten die Fischers – nach der Geburt von Schwester Edith zu viert – erstmals in einer eigenen Wohnung. Sie hatte 60 Quadratmeter und lag nur wenige hundert Meter Luftlinie von der Jagdschlossgasse entfernt in der Veitingergasse. Die etwas gesichtslosen Wohnhäuser aus den 1930er-Jahren stehen immer noch, und es gibt auch noch den Balkon im zweiten Stock, von dem sich der kleine Heinz – nach Angaben aller Augenzeugen ein sehr lebhaftes Kind – abgeseilt hatte, während seine Mutter einkaufen war.

In der Volksschule in der Hietzinger Steinlechnergasse lernte Heinz den mit den Eltern aus den USA zurückgekehrten John Sailer kennen. John fiel auf, weil er blaue Hosen trug. Später wird man dieses Beinkleid auch in Österreich Bluejeans nennen.

1954 wurde Rudolf Fischer Staatssekretär im Handelsministerium, und wieder wurde übersiedelt. Die Fischers blieben abermals im Bezirk. Diesmal bezog man eine etwas größere Wohnung in der Sebastian-Brunner-Gasse. Später, als die Familie in eine Eigentumswohnung in der nahen Lainzer Straße umzog, mietete der Philosoph Karl Popper die Wohnung in der Sebastian-Brunner-Gasse.

Fast gleichzeitig gibt es ein entscheidendes Ereignis: Heinz Fischer, jetzt 15, hört, dass drüben im Nachbarbezirk Penzing der Verband Sozialistischer Mittelschüler eine neue Gruppe gegründet hat. Er schaut vorbei und trifft einen von der Zentrale entsandten Referenten, fünf Jahre älter als er selbst, der ihn durch sein lässiges Auftreten, seine Schmalzlocke, seine Röhrlhosen und seine spitzen »Milanos« beeindruckt. Sie nannten ihn »Charly« …

Heinz Fischer, 1942.

1938–1953

»Wir waren eine familiäre Kommune«

Der Vater ist »Halbjude« und verliert seinen Job im Grazer Magistrat, die Großfamilie übersteht den Krieg in einem kleinen Haus in Hietzing, und ein Heranwachsender entdeckt die Politik.

Herbert Lackner: Herr Dr. Fischer, wäre die Geschichte anders verlaufen, wären Sie heute ein Grazer.

Heinz Fischer: Das ist richtig. Ich hätte aber auch bei unverändertem Lauf der Geschichte ein Wiener sein können, weil meine Familie väterlicherseits ja aus Wien stammte. Mein Vater, Rudolf Fischer, 1908 in Wien geboren, hat auch in Wien studiert. Nach Abschluss seines Studiums Anfang der 30er-Jahre hat er lange keine Arbeit gefunden. Er war ein arbeitsloser Akademiker und hat von Nachhilfestunden gelebt. Dann bekam er die Möglichkeit, in der Gemeinde Graz als Jurist zu arbeiten, darum ist er nach Graz übersiedelt und hat dort 1934 meine Mutter Emma geheiratet. Und so bin ich 1938 in Graz zur Welt gekommen. Nach dem »Anschluss« wurde mein Vater gekündigt, weil er zwar eine »arische« Mutter, aber einen jüdischen Vater hatte. Er hat dann auch die Wohnung verloren und ist samt Familie nach Wien übersiedelt, in das Haus seiner Schwester Wilhelmine, die mit Otto Sagmeister verheiratet war. So habe ich als Kind den größten Teil des Krieges in Wien in Wohngemeinschaft mit dem Ehepaar Sagmeister und deren Kindern verbracht. Meine Schwester und ich sind mit den Sagmeister-Kindern wie Geschwister aufgewachsen. Wir waren eine »Kommune«, eine familiäre Kommune.

War es ein Thema in Ihrer Familie, dass Ihr Vater einen jüdischen Vater hatte?

Für meinen Vater war es eine wichtige Sache, weil es vielfache Konsequenzen hatte. Ich war ja noch ein Kind und nach der Wahnsinnsterminologie der Nazis »nur« ein »Vierteljude«. Aber ihn hat es vielfach betroffen. Positiv war, dass er »unwürdig« war, in der deutschen Wehrmacht zu dienen. Gegen Ende des Krieges wollte man meinen »wehrunwürdigen« Vater dann doch noch zum sogenannten Volkssturm einziehen, da ist er untergetaucht. Mein Großvater Jakob Fischer hat die NS-Zeit erstaunlicherweise überlebt. Er hat sich völlig zurückgezogen und ist nicht mehr nach draußen gegangen. Meine Eltern glaubten, dass ein ihm wohlgesonnener Beamter ihn aus bestimmten Listen gestrichen hat. In der Familie meiner Frau war das Schicksal unbarmherziger: Ihre Großmutter väterlicherseits ist in Weißrussland, in Maly Trostinec umgebracht worden, auch die Schwester der Großmutter und die Schwester von Margits Vater Otto Binder wurden ermordet. Er selbst konnte nach einem Jahr in den Konzentrationslagern Dachau und Buchenwald nach Schweden emigrieren. Ich beurteile daher Politiker und ganze Länder unter anderem danach, wie sie mit Flüchtlingen umgehen.

Sie wurden katholisch getauft. Waren Ihre Eltern religiös, oder war es eben ein Ritual, dass man seine Kinder taufen lässt?

Meine Eltern waren nicht religiös. Ich kann mich nicht erinnern, dass sie je zu einer Messe gegangen wären, außer bei einem Begräbnis oder irgendeinem feierlichen Anlass. Meine Mutter hat mir später gesagt, sie habe mich auch deshalb taufen lassen, weil das ein winziges Zeichen des Widerstandes gegen die Nazis war, wenn man nicht ihrer Ideologie gefolgt ist, die ja gegen die katholische Kirche gerichtet war. Ich bin in der Volksschule und auch im Gymnasium in den Religionsunterricht gegangen und habe das nie bereut, weil es mich interessiert hat. Und heute würde ich hinzufügen: weil das Christentum ein Teil der europäischen Kultur ist und zu dieser auch sehr viel beigetragen hat. Mich hat auch fasziniert, wie global das Bedürfnis nach Tröstung und Welterklärung durch eine Religion ist. Und die Figur von Jesus Christus ist ja wirklich eindrucksvoll: ein Revolutionär, ein radikal sozialer Mensch, weil radikal um Gerechtigkeit bemüht, radikal für die Ausgegrenzten und daher eigentlich ein Dorn im Fleisch der Begüterten und Saturierten. Meines Erachtens ist die Flüchtlingspolitik mancher christlich-sozialer Politiker – und nicht nur dieser – mit einem ehrlichen Christentum nicht vereinbar.

Haben Sie je gläubige Menschen beneidet? Die haben immerhin ein Tröstungsmittel, sie glauben an ein Leben nach dem Tod.

Ich habe nie jemanden um seine Religion beneidet. Die Tröstung durch Religion ist die eine Seite, aber ein Leben in Angst vor einem »Jüngsten Gericht« oder vor ewiger Verdammnis ist die andere Seite. Außerdem sehe ich die Kausalität anders: Man ist ja nicht gläubig, damit man getröstet wird, sondern man findet – allenfalls – Trost im Glauben. Aber den Trost durch den Glauben an einen milden und verzeihenden Gott braucht man ja nur, wenn man sich gleichzeitig vor einem allmächtigen und strafenden Gott fürchtet.

Wann hat Ihre Familie nach dem Krieg die erste eigene Wohnung bezogen?

1946 haben wir drei Häuserblocks von der Jagdschlossgasse entfernt in der Veitingergasse eine Wohnung gefunden. Es war eine kleine Wohnung, in einer Anlage von sechs blau-gelben, würfelförmigen Häusern, die Anfang der 1930er-Jahre gebaut worden waren. Wir haben etwa 60 Quadratmeter Wohnfläche gehabt und zu viert dort gewohnt. Als ich 15 war, sind wir in eine größere Wohnung in der Sebastian-Brunner-Gasse übersiedelt, die nach uns übrigens Karl Popper für einige Zeit gemietet hat. Und von dort sind wir – Luftlinie 200 Meter – in eine Sozialbau-Eigentumswohnung in der Lainzer Straße umgezogen. Dort habe ich bis zu meiner Eheschließung im Jahr 1968 gewohnt.

Ihr Vater hat kurzzeitig daran gedacht, nach Australien auszuwandern.

Das war schon eine Überlegung zu Beginn der Nazizeit, als er die Zukunft besonders düster gesehen hat. Er hat sich sogar um ein Visum bemüht, aber es ist nichts daraus geworden. Ich glaube, meine Mutter wäre sehr unglücklich gewesen, hätte sie alles liegen und stehen lassen müssen. Als ich schon 14 Jahre alt war, also 1952, hat meine Mutter ernsthaft mit mir diskutiert, ob ich nicht das Gymnasium für ein oder zwei Jahre unterbrechen solle, um eine Lehre als Koch zu machen. Als ich sie gefragt habe, wie sie auf diese Idee komme, hat sie gemeint: »Weißt du, wenn wieder Zeiten wie das Jahr 1938 kommen, dann kannst du dich als Koch überall auf der Welt durchbringen. Ein Jusstudium wird dir in anderen Ländern wenig helfen.« Mit vereinten Kräften konnten mein Vater und ich ihr das ausreden. Aber ich habe begriffen, wie tief ihr die Zeit zwischen 1938 und 1945 unter die Haut gegangen ist und dass sie – auch nach Ende des Zweiten Weltkriegs – noch ein Trauma hatte und sich vor Flucht gefürchtet hat. Man muss ja bedenken: Vom Ende des Ersten Weltkriegs bis zum Beginn des Zweiten Weltkriegs lagen 21 Jahre. Und sie hat damals gemeint, niemand könne garantieren, dass nicht 21 Jahre nach 1945 wieder eine schreckliche Zeit anbricht. Heute haben wir in Österreich schon 73 Jahre Frieden seit dem Ende des Weltkriegs. Ich bin mir nicht sicher, ob alle das hoch genug schätzen.

Sie werden als Kind mit wenig Sitzfleisch beschrieben. Ihre Mutter wird zitiert mit dem Satz: »Mit dem Heinz ist es so, als ob man drei von der gleichen Sorte hätte!« Waren Sie anstrengend?

Ich war sicher kein besonders braves Kind. Der objektive Nachweis dafür ist, dass in meinen Gymnasiumszeugnissen bei Betragen oft ein Dreier stand. Zu einem »Sehr gut« habe ich es in den acht Jahren Gymnasium in

Betragen ausnahmslos nie gebracht. Ich habe mir nicht schwergetan mit dem Lernstoff und daher auch ein bisschen Zeit und Lust für Unfug gehabt. Einmal habe ich mit einer Steinschleuder in der Gegend herumgeschossen und die Fenster eines Nachbarhauses zerstört, was einen Polizeibesuch bei uns zu Hause zur Folge hatte. Ich war mit der Steinschleuder ein ziemlich guter Schütze, da hat auch die eine oder andere Straßenlaterne ihr Licht ausgehaucht. Das hat meinen Vater viel Geld gekostet. Ich hatte nur in Turnen immer einen Einser, aber in Gefahr, durchzufallen, war ich nie. Es sammelten sich halt Zweier, Dreier und manchmal auch Vierer an. In Altgriechisch hatte ich einen Vierer im Maturazeugnis, obwohl ich Griechisch sehr geliebt habe. Ich kann noch lange Passagen aus der *Ilias* auswendig, und zwar aus einem sehr banalen Grund: Wenn ich wieder einmal Griechisch-Hausaufgaben nicht gemacht oder Vokabeln nicht gelernt hatte, musste ich strafweise Verse aus der *Ilias* auswendig lernen; und das Mal darauf wieder fünf Verse und wieder fünf Verse. Das ist zu einem relativ langen *Ilias*-Text angewachsen. Ich bin trotzdem gern in die Schule gegangen, ich habe sie als angenehm und interessant in Erinnerung. In Geschichte war übrigens eine meiner Maturafragen »Was sind die wichtigsten Aufgaben des österreichischen Bundespräsidenten?«. Daran hat mich die Direktorin des Hietzinger Gymnasiums vor einigen Jahren erinnert, ich hatte es längst vergessen. Nach der Matura habe ich den Abiturientenkurs der Handelsakademie besucht, mit Buchhaltung, Warenkunde, Kaufmännisch Rechnen, Wirtschaftsgeografie, Wirtschaftsenglisch, Maschinschreiben und Stenografie, bevor ich das Jusstudium in Angriff genommen habe.

1954 wurde Ihr Vater Staatssekretär. Wie kam das? Er war zwar Parteimitglied, aber nie Funktionär der SPÖ?

Er war tatsächlich kein »Politiker«, aber ein politischer Mensch. Mein Vater war damals Beamter im Innenministerium, und zwar Leiter der »Sektion Volksernährung«. Außerdem arbeitete er im Bund Sozialistischer Akademiker mit Schärf und Waldbrunner zusammen. 1954 wurde er vom damaligen Bundespräsidenten Theodor Körner in der Regierung Raab-Schärf als Staatssekretär im Handelsministerium ernannt. Bruno Kreisky und er sind ziemlich gleichzeitig in die Regierung gekommen. Es stimmt, mein Vater war »nur« Parteimitglied, aber er war auf seinem Gebiet ein sehr geschätzter Experte. Er sprach fließend Englisch, Französisch, Tschechisch und Esperanto und konnte auch gut auf Russisch kommunizieren. Der damalige Wiener Bürgermeister Franz Jonas hat ihn sehr geschätzt, weil mein Vater und Jonas in der Ersten Republik gemeinsam als Esperantolehrer bei den Arbeiter-Esperantisten waren. Esperanto war eine einfache Kunstsprache, die es den »Proletariern aller Länder« ermöglichen sollte, miteinander zu kommunizieren und dadurch nationale Gegensätze zu überwinden.

Können Sie Esperanto?

Nein, ich bin sogar ein wenig in Opposition dagegen aufgewachsen, weil es mich manchmal irritiert hat, dass meine Eltern in diese Sprache umgeschaltet haben, wenn sie wollten, dass ich nicht verstehe, was sie sprechen. In der Nazizeit geschah das, damit ich nichts unabsichtlich ausplaudere, wenn sie über Hitler und den Krieg geschimpft haben. Aber auch nach 1945 haben sie immer wieder Esperanto gesprochen, etwa knapp vor Weihnachten oder wenn sie Erziehungsprobleme diskutierten.

Sie sind 1953, etwa zur selben Zeit wie Ihr Vater, zur Politik ge-stoßen, zum Verband Sozialistischer Mittelschüler (VSM). Gab es da einen Zusammenhang?

Nein. Die Tätigkeit meines Vaters als Staatssekretär in der Regierung dauerte ja auch nur zwei Jahre. Eher hat die Tatsache, dass ich an einer »bürgerlichen« Schule war, dazu beigetragen, dass ich großes politisches Interesse entwickelt habe, um mich in Diskussionen mit Schulkollegen behaupten zu können. Wir haben diskutiert, was eine »klassenlose Gesellschaft« ist oder sein soll, ob die Sozialdemokraten Gemeinsamkeiten mit den Kommunisten haben, was die Vor- und Nachteile der Verstaatlichung sind, über den Februar 1934 oder über Wahlergebnisse und Ähnliches mehr. Dann habe ich eines Tages im Jahr 1953 vom Verband Sozialistischer Mittelschüler eine Zuschrift bekommen. Es hieß darin, es sei eine neue Gruppe »West« in der Hütteldorfer Straße gegründet worden und ich wäre eingeladen, einen Gruppenabend zu besuchen. Als ich dort zur angegebenen Zeit eintraf, kannte ich niemanden. Es waren in etwa Gleichaltrige und einige vielleicht zwei bis drei Jahre ältere Burschen und Mädchen da, und bei dieser meiner allerersten VSM-Veranstaltung in der Hütteldorfer Straße gab es auch einen Referenten: Er hieß Karl Blecha, war fünf Jahre älter als ich, also etwa 20, und offenbar schon länger beim VSM tätig. Er hat mich sehr beeindruckt, wie er da mit seinen »Milano-Bock« gekommen ist, diesen ganz spitzen Schuhen, und ziemlich modisch gekleidet. Charly, wie sie ihn nannten, war ein Experte für alles, konnte genauso gut über den algerischen Befreiungskrieg reden wie über österreichische Innenpolitik, über die utopischen Sozialisten oder die Russische Revolution. Er war sicher das, was man eine Führungspersönlichkeit nennt. Ich war ungefähr ein Jahr in dieser Gruppe West und habe dann in meinem Wohnbezirk die Gruppe »Hietzing« gegründet. In der waren dann auch Brigitte Schärf, die Nichte des SPÖ-Vorsitzenden Adolf Schärf und spätere Frau von Hannes Androsch, Johanna Holaubek, die Tochter des Polizeipräsidenten, oder Johanna Broda, die Tochter von Christian Broda, und auch meine Schulfreunde John Sailer und Fritz Gehart. Damals wurden echte Lebensfreundschaften begründet.

Das klingt nach »rotem Adel«.

Rot schon. Aber das Wort »Adel« ist falsch. Mein Großvater mütterlicherseits war Eisenbahner, seine Frau eine Bäuerin aus Westungarn. Mein Großvater väterlicherseits war nach dem Ende des Ersten Weltkriegs Buchhalter bei einer Firma in Wiener Neustadt und seine Frau vor der Hochzeit ein Dienstmädchen in Böhmen. Und auch die Vorfahren der anderen VSM-Mitglieder stammten aus ähnlichem Milieu. Es hat aber natürlich in der Wiener Sozialdemokratie eine Reihe von Persönlichkeiten mit bekannten Namen gegeben, deren Kinder in die gleichen Fußstapfen getreten sind.

Familie Fischer, 1953: Schwester Edith, Vater Rudolf, Mutter Emma und Heinz Fischer.

»Lebhaft wie drei Buben«

Zwischenruf von Edith Stumpf
Heinz Fischers Schwester

Mein Bruder Heinz und ich hatten eine sehr glückliche Kindheit. Das klingt vielleicht etwas überraschend bei Kindern der Geburtsjahrgänge 1938 und 1942, die also in der Kriegs- und Nachkriegszeit aufwuchsen. Doch die Erinnerungen meines Bruders reichen zwar in die Kriegszeit zurück, enthalten aber nichts Traumatisches, und meine beginnen erst mit Kriegsende. Natürlich gab es sehr vieles nicht, was heutigen Kindern bei uns selbstverständlich ist. Eine ganze Tafel Schokolade für jeden von uns beiden etwa, die uns eine Tante mitbrachte, habe ich noch als Ereignis in Erinnerung. Auch bei der Kleidung musste gespart werden, und das von Heinz so innig ersehnte Fahrrad, das sich meine Eltern als Weihnachtsüberraschung für ihn abgespart hatten, wollte er auch nachts in Reichweite neben seinem Bett stehen haben. Aber so ging es ja auch vielen anderen. Wir fühlten uns keineswegs benachteiligt, denn die Hauptsache war die Liebe und Geborgenheit, die wir bei unseren Eltern fanden. Alles, was unsere Entwicklung und Bildung fördern konnte, wurde uns von ihnen ermöglicht, und zwar uns beiden in gleicher Weise.

»Ihr seid eine Bilderbuchfamilie gewesen«, sagte unlängst meine Schulfreundin Hilde Luksch, die spätere Unterrichtsministerin Hilde Hawlicek, die oft bei uns zu Besuch war. Heinz war sehr fröhlich, lebhaft und voller Energie und Bewegungsdrang – »wie drei Buben«, pflegte unsere Mutter zu sagen. Und nach einem Nachmittag, den er mit Fußballspielen auf der Wiese am Roten Berg verbracht hatte, schwang er zu Hause noch mit den Türen, bis er endlich müde genug war, um schlafen zu gehen.

Natürlich machte es ihm in seinem Übermut Spaß, der kleinen Schwester etwa beim Spielen den Ball vor der Nase wegzufangen oder das spannende Buch zu verstecken, das ich gerade las, denn dann ärgerte ich mich so schön. Dafür aber verteidigte er mich gegen andere: Als ich mich einmal beklagte, Buben hätten mir auf dem Heimweg von der Volksschule (derselben, die Heinz besucht hatte) Steine nachgeworfen, und unser Vater meinte, das könne er nicht auf sich beruhen lassen, sagte mein Bruder: »Lass nur, das erledige ich.« Tatsächlich wurde ich nie mehr belästigt. Einige Jahre später, als Heinz bereits die Tanzschule besuchte, berichtete ich meiner Mutter nach einem gemeinsamen Theaterbesuch ganz erstaunt: »Der Heinz hat mir die Türe aufgehalten und bei der Garderobe in den Mantel geholfen und dabei nicht einmal die Ärmel zugehalten!«

Woran ich mich noch gut erinnere, ist die Jazzmusik, die Heinz im Radio laut spielen ließ, während ich im Nebenzimmer Schulaufgaben machte. Ich war irgendwann so daran gewöhnt, dass mir für meine Aufsätze nichts einfiel, wenn dieses Hintergrundgeräusch fehlte.

Inzwischen hatte sich Heinz immer stärker für Politik und Zeit-geschichte interessiert, diskutierte oft mit unserem Vater da-rüber und engagierte sich zunächst beim VSM (Verband So-zialistischer Mittelschüler). Er gründete den VSM Hietzing, bei dem ich Mitglied wurde und auch Schulfreundinnen mit-brachte, darunter Hilde. Dies habe ihr, wie sie gern erzählt, den Anstoß zu ihrer späteren politischen Laufbahn gegeben.

Heinz Fischer auf Ungarn-Demo, 1957:
»Totalitäre Regime müssen scheitern.«

1954–1968

»Ich gehörte zu den Linken«

Man liest die revolutionären Klassiker, führt bei den Sozialistischen Studenten heftige Fraktionskämpfe und wächst langsam in die »hohe Politik« hinein.

In einem Ihrer Bücher beschreiben Sie, was in Ihrer Gruppe so gelesen wurde: Otto Bauer, Karl Marx, Lenin, Karl Kautsky, Rosa Luxemburg, Bebel und Brecht: Ziemlich strenge Literatur für 17- oder 18-Jährige.

Ja, aber Karl Kautsky, insbesondere seine Kritik an den Bolschewiki, und Eduard Bernstein musste man gelesen haben, um den Revisionismusstreit zu verstehen, und man musste auch über Lenin Bescheid wissen, musste die Texte von Otto Bauer kennen. Ich war später sogar Mitherausgeber einer neunbändigen Otto-Bauer-Gesamtausgabe im Europa Verlag. Der VSM war eine Bildungsorganisation für uns. Da gab es Leute wie den späteren *Kurier*-Redakteur Paul Uccusic, der Vorträge über Chemie und über Bert Brecht gehalten hat. Andere haben über Schostakowitsch und über russische Musik referiert, John Sailer hat mit sehr großem Spezialwissen über Kunst geglänzt. Ich habe mich damals schon vor allem mit Geschichte und Zeitgeschichte befasst, aber auch Vorträge über Jazz anhand von Plattenbeispielen gehalten. Wieder andere hatten ein Faible für Architektur. Tommy Lachs berichtete über Antisemitismus. Es waren Grundsatzfragen, die uns interessierten. Wir haben auch Camus, Sartre und existenzialistische Literatur mit großer Begeisterung gelesen. Nicht zu vergessen Arthur Köstler, Manès Sperber, Wolfgang Leonhard und andere vom Kommunismus enttäuschte Intellektuelle und Dissidenten.

Sie haben sich recht intensiv mit dem Kommunismus auseinandergesetzt. Warum hat Sie das so beschäftigt? Die österreichischen Kommunisten spielten da keine Rolle mehr?

Es gab in der Sozialdemokratie in ihrem Frühstadium Konkurrenz zwischen den revolutionären Theoretikern und jenen, die ihre Ziele auf evolutionärem Wege erreichen wollten und die Demokratie als essenziellen und unverzichtbaren Bestandteil sozialdemokratischen Denkens gesehen haben: der sogenannte Revisionismusstreit. Das war aber nicht nur ein theoretischer Streit, sondern eine wichtige Weichenstellung. An dieser Weichenstellung erfolgte auch der Bruch zwischen Sozialdemokratie und Kommunismus. Nach dem Ersten Weltkrieg war die Sozialdemokratie in Österreich jene Partei, der es gelungen ist, den Kommunismus von Österreich fernzuhalten. Die Kommunisten hatten in der Ersten Republik nie auch nur ein einziges Mandat im Nationalrat erreicht und waren auch in der Zweiten Republik nur relativ kurze Zeit im Nationalrat vertreten. Der Kommunismus hat in Österreich unter anderem auch deshalb keine Rolle gespielt, weil sich die SDAP (Sozialdemokratische Arbeiterpartei) und später die SPÖ konsequent als linke Parteien mit dem Ziel einer Veränderung der Gesellschaft in Richtung mehr Gerechtigkeit und mehr Chancengleichheit positioniert haben, aber mit einem klaren Bekenntnis zu Demokratie und mit klarer Abgrenzung zu totalitären Systemen. Das ist mir immer sehr wichtig erschienen. Darum habe ich mich auch an den Demonstrationen gegen die Niederschlagung des Aufstandes in Ungarn 1956 beteiligt oder 1968 an Demonstrationen für den Prager Frühling.

Es gibt einen umfangreichen Artikel von Ihnen mit dem Titel »Die Verbrechen Stalins«, den Sie 1961, also mit 23 Jahren, im SPÖ-Theorieorgan Die Zukunft *veröffentlicht haben. Das war kurz vor dem Bau der Berliner Mauer. Was hat Sie bewogen, diesen Artikel zu schreiben?*

Ich habe diesen Artikel geschrieben, weil ich der Meinung war, dass die Schilderungen der unfassbaren Tyrannei und Grausamkeit Stalins vielen Kommunisten die Augen öffnen wird. Ich habe ihn an Oscar Pollak geschickt, der damals nicht mehr Chefredakteur der *Arbeiter-Zeitung* war, sondern die Theoriezeitschrift *Zukunft* geleitet hat. In diesen Artikel habe ich sehr viel Zeit investiert und die Protokolle der Moskauer Prozesse von 1936, 1937 und 1938 sehr genau studiert. In der Sowjetunion hat ja die Revolution im wahrsten Sinne des Wortes ihre eigenen Kinder gefressen. Die Pioniere und Vorkämpfer der Sowjetunion aus den Tagen der Revolution 1917 / 1918 wurden – als Stalin sie in seinem totalitären Denken als Konkurrenz empfand – der schändlichsten Verbrechen angeklagt und hingerichtet. Das war für mich der Beweis, dass totalitäre Regime in eine Sackgasse geraten und scheitern müssen, ob es nun rechtstotalitäre Systeme wie der Faschismus sind oder linkstotalitäre wie der Stalinismus. Ich habe den Artikel unlängst dem früheren deutschen Bundespräsidenten Joachim Gauck geschickt …

… der in der DDR gelebt hat …

… und der sich gewundert und gefreut hat, dass schon 1961 solche Texte in Österreich publiziert wurden.

Sie haben damals auch anonym eine Flugschrift gegen die KPÖ veröffentlicht, die als Publikation einer Arbeiteropposition erschienen ist. Welchen Sinn hatte die Anonymität?

Der damalige Zentralsekretär Alois Piperger hatte meinen Artikel über die Verbrechen Stalins gelesen. Nationalratswahlen standen bevor, und die Kommunisten kämpften damals um den Wiedereinzug in den Nationalrat. Und er wollte, dass ein ähnlicher – aber nicht identischer – Text für eine Broschüre verwendet wird, die eben ohne Autorenangabe unter dem Titel »Sagt den Arbeitern die Wahrheit« in Betrieben mit einem relativ hohen Anteil an KP-Wählern verteilt wurde. Und das geschah auch.

Wenige Monate später hat es abermals einen Wirbel wegen eines Artikels von Ihnen gegeben, jenem gegen den Wirtschaftsprofessor Taras Borodajkewycz in der Arbeiter-Zeitung. *Sie wurden deshalb sogar vor Gericht verurteilt …*

… aber nach einer Wiederaufnahme des Verfahrens letztlich doch freigesprochen. Aber Sie haben recht: Der eine Artikel war gegen Stalinismus und der andere gegen den Nationalsozialismus. Und ich lehne beide auf das Entschiedenste ab. Die Sache war so: Mein an der damaligen Hochschule für Welthandel studierender Freund Ferdinand Lacina, der spätere Finanzminister in den 80er-Jahren, hat mir eine empörende Mitschrift aus einer Vorlesung von Professor Borodajkewycz gezeigt. Dieser Professor hatte sich in der Zeit des Austrofaschismus als besonders aktiver Katholik gegeben und bei der Organisation des Katholikentages 1933 führend mitgearbeitet, obwohl er zu diesem Zeitpunkt vorsorglich schon illegales Mitglied der NSDAP war. 1938 wandte sich Borodajkewycz den Nationalsozialisten auch offiziell zu, und nach 1945 wechselte er wiederum die Farbe und wurde Professor für Wirtschaftsgeschichte an der Hochschule für Welthandel. Laut der Mitschrift von Ferdinand Lacina nannte Borodajkewycz als die beiden schönsten Tage in seinem Leben: den Tag der Wahl von Papst Pius XII. im März 1939 und den Tag der Hitler-Rede vom 15. März 1938 am Heldenplatz in Wien, wo Hitler voll Stolz »vor der Geschichte« den Wiedereintritt Österreichs in das Deutsche Reich verkündet hat. Vom Schöpfer der österreichischen Bundesverfassung, Hans Kelsen, behauptete er wahrheitswidrig, dass »der Jude Kelsen« eigentlich Kohn geheißen hätte. Ich habe das in einem Artikel in der *Arbeiter-Zeitung* kritisiert, wurde von Borodajkewycz geklagt und hatte ein großes Handicap: Der Richter verlangte von mir, ich möge die handschriftlichen Aufzeichnungen als Beweismittel vorlegen und den Namen des Autors nennen. Das hätte aber den Abschluss von dessen Studien gefährden können. Borodajkewycz hatte ja sogar angekündigt, jener Student, der diese »sogenannte Mitschrift« verfasst habe, werde mit Konsequenzen rechnen müssen. Mein Anwalt, Dr. Wilhelm Rosenzweig, der damals auch Mitglied des Verfassungsgerichtshofes war, hat dem Gericht angeboten, unter Eid die Authentizität dieser Mitschrift zu beschwören. Der Richter hat das aber abgelehnt, und ich bin verurteilt worden.

Was haben Sie ausgefasst?

Es war mehr als ein Monatsgehalt eines jungen Parlamentsjuristen, der ich ja damals war, nämlich 4.000 Schilling und im Nichteinbringungsfall 20 Tage Arrest.

Sie waren also vorbestraft.

Aber nur vorübergehend. Einerseits war ich damals stolz, dass ich dieser Auseinandersetzung nicht ausgewichen bin und mich lieber verurteilen ließ, als Ferdinand Lacina Schwierigkeiten zu bereiten; andererseits war das Urteil natürlich unangenehm. Aber es ist ja später revidiert worden.

Wie kam das?

Ich habe das Material aus diesem Prozess meinem Freund Oscar Bronner gegeben und auch an Hugo Portisch, damals Chefredakteur des *Kurier*, geschickt. Oscar Bronner hat es seinem Vater Gerhard Bronner weitergegeben, und der hat es in seiner Fernsehsendung »Zeitventil« verwendet und veröffentlicht. Borodajkewycz hat daraufhin eine

Pressekonferenz veranstaltet und Ähnliches noch einmal von sich gegeben, weil er sich aufgrund des Gerichtsurteils sicher fühlte: Sein Hauptkritiker – also ich – war ja gerade verurteilt worden. Aber bei dieser Pressekonferenz, über die in den Medien und im Fernsehen berichtet wurde, hat Borodajkewycz seine Aussagen wiederholt, manches noch zugespitzt und seine wahre Gesinnung noch deutlicher sichtbar gemacht. Das hat noch heftigere Kontroversen und Diskussionen pro und kontra Borodajkewycz ausgelöst. Dabei kam es in Wien zu den bekannten Zusammenstößen, bei denen der ehemalige Widerstandskämpfer Ernst Kirchweger von einem Neonazi niedergeschlagen wurde und dabei tödliche Verletzungen erlitt. In der Folge ist mein Verfahren wieder aufgenommen worden, weil ein neuer Sachverhalt vorlag, und ich bin freigesprochen worden. Borodajkewycz wurde letztlich zwangspensioniert.

Sie sind schon früh mit der Nomenklatura der Republik in Kontakt gekommen. Ihr Onkel war Minister, Ihr Vater Staatssekretär. Haben viele Politiker auch privat mit Ihrer Familie verkehrt?

Mit Minister Karl Waldbrunner waren meine Eltern befreundet, auch mit Alfred Migsch, ebenfalls ein Mitglied der Regierung Figl-Schärf, der das KZ überlebt hat. Franz Jonas habe ich schon erwähnt. Ich erinnere mich auch an Besuche von Justizminister Kapfer, ein Parteifreier, der ebenfalls in Hietzing gewohnt hatte. Bruno Kreisky und Bruno Pittermann bin ich als Gymnasiast bei Veranstaltungen begegnet. Wenig später bin ich zum VSStÖ gekommen, und einer der Ersten, der mich zu einem Gespräch ins Parlament eingeladen hat, war überraschenderweise Franz

Olah, ÖGB-Präsident und Zweiter Präsident des Nationalrates. Für den VSStÖ war ich 1961 Spitzenkandidat bei der
ÖH-Wahl, und wir konnten von 11 auf 14 Prozent zulegen.
In der Hochschulpolitik habe ich mit dem späteren ÖVP-Generalsekretär Michael Graff und mit Heinrich Neisser Kontakt gehabt. Beide waren in der Fachschaft Juristen der Universität Wien – so wie ich. Und einige Jahre später, etwa
1964, habe ich Erhard Busek kennengelernt, als wir beide
junge Mitarbeiter in den Parlamentsklubs von SPÖ und
ÖVP waren.

Im VSStÖ waren Sie der Vertreter der Linken. Der Anführer der
Rechten war der gleichaltrige Hannes Androsch. Sie haben die
ÖH-Wahl gewonnen, sind aber dennoch nie VSStÖ-Obmann ge-
worden. Hatte dieser Konflikt Nachwirkungen, als Sie beide
Funktionen in der SPÖ bekamen?

Bei den Sozialistischen Mittelschülern und vor allem bei
den Sozialistischen Studenten hat es schon immer »Fraktionskämpfe« gegeben, und zwar nicht erst seit Beginn der
Zweiten Republik, sondern – wie ich von meinem Vater
weiß – auch schon in der Ersten Republik. Es waren fast
immer Auseinandersetzungen zwischen Links und Rechts.
Der Anteil an Linken war im Durchschnitt etwas größer bei
den Studierenden aus Wien, bei den Studierenden der Geis-
teswissenschaften und der Kunsthochschulen sowie bei
Studierenden, die jüdische Vorfahren hatten und deren Eltern aus der Emigration zurückgekommen waren. Der Anteil an Rechten war etwas größer bei den Studierenden aus
den Bundesländern, bei den Studierenden der Naturwis-
senschaften und der Wirtschaftswissenschaften und auch

bei Studierenden, die in Studentenheimen wohnten, was wiederum in der Regel die aus den Bundesländern waren. Die Auseinandersetzungen waren manchmal schon ziemlich heftig. Man hat in Konfliktsituationen viel gelernt an Sozialtechniken und war gezwungen, Standpunkte zu formulieren und Organisationsarbeit zu leisten. Hannes Androsch war ein durchsetzungsstarker »Rechter«, so wie Beppo Mauhart oder der spätere Sektionschef Günter Steinbach oder Rudolf Streicher. Ich gehörte zu den »Linken«, gemeinsam mit Karl Blecha, Ferdinand Lacina, Oskar Grünwald oder Egon Matzner. Das hat uns aber später bei der Zusammenarbeit zwischen Klubobmann oder Finanzminister oder als stellvertretende Parteivorsitzende – was wir beide später waren – nicht behindert und spielt längst keine Rolle mehr. Vielleicht habe ich sogar gerade durch die Konflikte im VSStÖ gelernt, wie viel Energien bei solchen fraktionellen Auseinandersetzungen verloren gehen und dass man sich auf das Gemeinsame und nicht auf das Trennende konzentrieren soll.

Der Streit im VSStÖ muss aber heftig gewesen sein, denn der damalige SPÖ-Zentralsekretär Alois Piperger hat an Sie und Hannes Androsch ein Schreiben mit gleichem Inhalt gerichtet und Sie zur Zurückhaltung aufgefordert. Haben Sie es so wild getrieben?

Was Sie alles wissen! In unseren Auseinandersetzungen im Verband Sozialistischer Studenten steckte schon eine gewisse Emotionalität. Jeder wollte die Mehrheit für die »reine Lehre« und für die richtige Politik haben. Die Rechten sahen die Linken als Phantasten und als zu wenig realistisch, die Linken haben den Rechten Pragmatismus und Verzicht auf die langfristige Perspektive vorgeworfen. Unter den Linken war übrigens auch die Zahl der abstinenten Studenten größer als unter den Rechten, die sich schon gern einmal im Zwölf-Apostel-Keller zusammengesetzt haben und ihre Freude an einem frischen Glas Bier hatten.

Ich habe gelesen, Sie hätten erst mit 30 Ihren ersten Schluck Alkohol getrunken.

Ja, das stimmt. In der Kolchose »Fidel Castro« in Georgien.

Was ist da passiert?

Es hat, als ich schon im Parlamentsklub gearbeitet habe, eine Delegationsreise nach Moskau, Leningrad und Tiflis gegeben. Ich war Mitglied dieser Delegation. Die russischen Gastgeber hatten uns schon in Moskau dazu eingeladen, Wodka zu trinken, was ich ablehnte. In Leningrad haben sie noch mehr gedrängt, und in Tiflis stand der Besuch einer Cognac-Fabrik auf dem Programm. Da bin ich auch noch davongekommen. Aber dann hat die österreichische Delegation die Kolchose »Fidel Castro« besucht, die etwas außerhalb der Hauptstadt Tiflis lag. Dort hatte man einen riesigen Tisch mit einem Sonnendach vorbereitet, auf dem Gemüse, Obst, Schaffleisch und Käse angerichtet waren, Wodka und Cognac standen reichlich am Tisch. Der Vorsitzende der Kolchose, der »Tamadan«, hat das Wort für die Trinksprüche verteilt, es wurde immer abwechselnd ein sowjetischer und ein österreichischer Trinkspruch aufgerufen. Nach dem dritten Trinkspruch hat er entdeckt, dass ich nicht mittrinke und mein Glas immer voll geblieben ist. Da habe ich einen bösen Blick geerntet, und nach dem vierten Mal hat er einen Dolmetscher zu mir geschickt, der mich gefragt hat, was mit mir los sei. Ich habe gesagt, ich trinke keinen Alkohol. Daraufhin hat der Vorsitzende gemeint, es müssten alle solidarisch sein, alle müssten auf das Wohl der Arbeiterklasse und auf den Weltfrieden anstoßen. Sonst könne er keine weiteren Trinksprüche mehr zulassen.

Und Sie haben sich für die Arbeiterklasse geopfert.

Ich habe mir gedacht, bevor ich die ganze Partie schmeiß, trink ich halt was. So schnell konnte ich gar nicht schauen, hatten die wieder nachgegossen. Wie ich wieder zurück ins Hotel gekommen bin, weiß ich nicht mehr.

Wie sind Sie eigentlich zu dem Job im Parlament gekommen?

Ich wollte ja Anwalt werden. Ein Freund meines Vaters war der damals sehr bekannte Rechtsanwalt Wilhelm Rosenzweig, der mir auch ein väterlicher Freund war. Er war in der Nazizeit in der Emigration in London gewesen und hat mich knapp vor meiner Promotion eingeladen, als Konzipient in seine Kanzlei einzutreten, was mich sehr gefreut hat. Ende September 1961 hat mich jedoch überraschend die damalige SPÖ-Abgeordnete Stella Klein-Löw angerufen und gesagt, Klubobmann Robert Uhlir und Klubsekretär Leopold Gratz wollten mit mir reden, ich solle ins Parlament kommen. Damals hatte ein Parlamentsklub als Apparat eigentlich nur den Klubobmann, den Klubsekretär, drei Schreibkräfte, einen »Bürodiener« und einen Chauffeur. Die

Abgeordneten der 50er- und auch der frühen 60er-Jahre hatten, wenn sie nicht Funktionäre in Kammern oder Gewerkschaften oder Freiberufler waren, keine Infrastruktur. Uhlir und Gratz haben mir also vorgeschlagen, ein Jahr lang, nämlich das Jahr 1962, als Jurist im Klub zu arbeiten, weil es voraussichtlich in diesem Jahr Nationalratswahlen geben werde. Ich absolvierte gerade am Wiener Straflandesgericht mein »Gerichtsjahr« zur Vorbereitung auf die Anwaltslaufbahn und war unentschlossen. Meinen 23. Geburtstag haben wir am 9. Oktober 1961 zu Hause mit meinen Eltern gefeiert, mit meiner Schwester Edith und mit meinem Onkel Otto Sagmeister und seiner Frau. Bei dieser Gelegenheit kam auch die Frage »Parlament oder Anwalt« zur Sprache, und ich habe gesagt, ich müsste mich bald entscheiden, ob ich das Angebot annehmen würde oder nicht. Meine Mutter war eher dagegen, sie hatte immer noch eine gewisse Angst vor der Politik aus der Zeit zwischen 1934 und 1945. Auch mein Vater war unsicher. Aber mein Onkel, ehemaliger Ernährungsminister, hat gesagt: »Das ist eine große Chance, die würde ich an deiner Stelle nicht auslassen! Schau, geh doch ein Jahr ins Parlament, der Dr. Rosenzweig wird das sicher verstehen. Das ist ja auch in seinem Interesse, wenn er einen Konzipienten bekommt, der schon ein bisschen Praxis hat und Leute kennt. Es kann dir in der Rechtsanwaltslaufbahn nur nützen, wenn du ein Jahr lang den Prozess der Gesetzgebung und die Akteure im Parlament kennenlernst.« Das hat den Ausschlag gegeben, ich habe das Angebot angenommen, und die Arbeit hat mich unglaublich fasziniert. Nationalratspräsident war damals übrigens Leopold Figl. Und der Zweite Präsident, dem ich dienstzugeteilt wurde, war Friedrich Hillegeist, jener Gewerkschafter, der im März 1938 für die illegalen Sozialdemokraten mit Schuschnigg verhandelt hatte. Als das erste Jahr zu Ende gegangen ist, haben sie im Klub gesagt: »Heinz, jetzt bleib noch ein zweites Jahr – dir läuft ja nichts davon.« Und ich habe akzeptiert. Die Wahl 1962 hat dann die ÖVP gewonnen, und im Laufe des Jahres 1963 ist Klubsekretär Leopold Gratz als neuer Zentralsekretär in die Löwelstraße in die Zentrale der SPÖ berufen worden. Daraufhin musste überlegt werden, wer sein Nachfolger als Klubsekretär werden sollte. Das war eine wichtige Position, die schon allein dadurch Prestige hatte, dass Leopold Gratz erst der dritte SPÖ-Klubsekretär seit 1920 gewesen war. Der erste war Adolf Schärf in der Ersten Republik, der zweite war Bruno Pittermann nach 1945, und als Pittermann 1957 Vizekanzler wurde, trat Gratz seine Nachfolge an. Mit der Funktion des Klubsekretärs war auch die Kooptierung in den Parteivorstand verbunden. Und schließlich hat Pittermann zu mir gesagt: »Heinz, wir hätten gern, dass du die Nachfolge von Leopold Gratz als Klubsekretär antrittst, aber dann darfst du nicht nach ein paar Monaten wieder weggehen.« Daraufhin habe ich die Idee, Anwalt zu werden, weit nach hinten geschoben. Es war mir bewusst, dass das eine Weichenstellung ist. Meine Kooptierung in den Bundesparteivorstand der SPÖ im Jahr 1963 – einige Jahre später wurde ich gewähltes Mitglied – hatte zur Folge, dass ich in der Zeit zwischen 1963 und 2004, also 41 Jahre lang, an praktisch allen Parteivorstandssitzungen der SPÖ und ab 1975 an allen Parteipräsidiumssitzungen teilgenommen habe. Als ich dann Klubsekretär war, tauchte die Frage auf, ob und wie meine bisherige Funktion im Klub neu besetzt werden soll. Da hat man gemeint, vielleicht sollte man nicht zwei Juristen nehmen, sondern jemanden, der etwas von Wirtschaft versteht. Und so wurde dann Hannes Androsch eingeladen, diese Aufgabe zu übernehmen. Es war interessanterweise Franz Olah, der mich eines Tages gefragt hat: »Sag, wie stehst du denn jetzt mit dem Androsch? Ihr seid ja in der Studentenbewegung nicht die besten Freunde gewesen. Der wäre ein guter Mitarbeiter im Klub für Wirtschaftsfragen. Kannst du mit ihm?« Und ich hab gesagt: »Ich kann sicher mit ihm. Das liegt hinter uns.«

So lange war der Konflikt damals aber noch nicht her, höchstens zwei Jahre.

Schon, wir hatten halt unsere Auffassungsunterschiede, aber keine persönlichen Animositäten. Jedenfalls ist Hannes dann in das Klubsekretariat eingetreten, und wir haben einige Jahre gut zusammengearbeitet: ich als Jurist, er als Ökonom. Hannes hat dann, so wie ich, 1966 ohne reale Chance auf ein Mandat erstmals für den Nationalrat kandidiert. Dann ist aber dieses schreckliche Bergunglück im Sommer 1967 passiert, als die tüchtige und beliebte Floridsdorfer Abgeordnete Rosa Weber am Großglockner tödlich abgestürzt ist. Heinz Kienzl, Rupert Gmoser, Karl Blecha – manchmal auch Rosa Weber – und ich waren mehrmals im Sommer eine Woche in den Hohen Tauern von Hütte zu Hütte gewandert. 1967 war ich nicht dabei, weil ich damals in Harvard war. Dort habe ich die Nachricht bekommen, dass Rosa beim Glocknerleitl tödlich abgestürzt ist. Der nächstgereihte Nationalratskandidat war Hannes Androsch, und er begann mit 29 Jahren eine bemerkenswerte politische Karriere.

Zuvor noch: Sie wurden 1963 Klubsekretär, im Jahr, in dem der Habsburg-Konflikt ein letztes Mal aufgelodert ist. Heute versteht den kaum noch jemand. Otto Habsburg erhob ja keine Herrschaftsansprüche mehr. Warum wollte ihn die SPÖ nicht einreisen lassen?

Von 1963 bis heute sind 55 Jahre vergangen. Aber im Jahr 1963 waren seit dem Ende der Monarchie erst 45 Jahre vergangen, und 1963 haben viele Menschen gelebt, die das Ende der Monarchie und die anschließenden Jahre noch bewusst erlebt und sich auch daran erinnert haben, dass Kaiser Karl nie auf seinen Thron verzichtet und abgedankt hatte, sondern nach der Gründung der Republik noch zwei Restaurationsversuche unternahm. Und sie haben sich daran erinnert, dass sein Sohn Otto Habsburg zwischen 1934 und 1938 noch sehr ambitioniert versucht hatte, Politik zu machen und eventuell sogar Kanzler zu werden, und 1945 Karl Renner bei den Amerikanern schlecht gemacht hat. Mich hat das nicht mehr aufgeregt, aber meine Eltern und die Generation meiner Eltern haben das vielfach noch anders gesehen. Und Hugo Portisch hat ja oft erzählt – er hat es vor nicht allzu langer Zeit auch im *Kurier* geschrieben –, dass Otto Habsburg im Gespräch mit ihm noch in den 1960er-Jahren sehr lebhaft die Idee entwickelt hat, dass er, Habsburg, sich vorstellen könne, in dem vom »Parteienstaat« zerklüfteten Österreich die Rolle eines über den Parteien stehenden »Justizkanzlers« zu übernehmen. Damit will ich nur sagen, dass die Aufregung um Otto Habsburg Mitte der 1960er-Jahre aus heutiger Sicht sicher nicht verständlich ist. Von jenen Menschen, die vor 55 Jahren politisch aktiv waren, wie etwa der damaligen Gewerkschaftspräsident Anton Benya, wurde die Affäre durchaus anders gesehen.

1963 wollte Otto Habsburg in Österreich einreisen. Ausschließlich darum ging es.

Aber es ging auch darum, was er in Österreich machen wollte und ob seine damalige Verzichtserklärung glaubwürdig war. Jedenfalls war die Sache kompliziert. 1919 waren die Habsburger durch die Habsburger-Gesetze des Landes verwiesen worden. Die Landesverweisung erfolgte mit der Maßgabe, dass eine Rückkehr möglich sein sollte, wenn das betreffende Mitglied des Hauses Habsburg eine glaubwürdige Verzichtserklärung abgibt. Die Glaubwürdigkeit dieser Verzichtserklärung sei zu prüfen, und zwar von der Bundesregierung im Einvernehmen mit dem Hauptausschuss der Nationalversammlung – so hat 1919 die gewählte Volksvertretung geheißen, die 1920 in Nationalrat umbenannt wurde. Otto Habsburg hat Anfang der 60er-Jahre eine Verzichtserklärung abgegeben, deren Glaubwürdigkeit demnach von der Bundesregierung und vom Hauptausschuss des Nationalrates zu prüfen gewesen wäre. Die Bundesregierung, bestehend aus Regierungsmitgliedern von ÖVP und SPÖ, konnte sich nicht einigen. Da die Bundesregierung innerhalb von sechs Monaten nicht entschieden hat, wurde von Otto Habsburg in weiterer Folge eine Säumnisbeschwerde beim Verwaltungsgerichtshof eingebracht. Und der Verwaltungsgerichtshof hat der Säumnisbeschwerde stattgegeben, hat aber darüber hinaus von der Möglichkeit Gebrauch gemacht, anstelle der Bundesregierung in dieser politischen Causa selbst zu entscheiden. Er hat – und das war wirklich problematisch – den Standpunkt vertreten, dass eine Prüfung durch den Hauptausschuss des Nationalrates nicht mehr notwendig bzw. möglich sei, weil ja im Habsburger-Gesetz vom Hauptausschuss der Nationalversammlung die Rede war und der Hauptausschuss des Nationalrates nicht als Nachfolger des Hauptausschusses der Nationalversammlung anzusehen sei. Damit hat sich der Verwaltungsgerichtshof nach Meinung vieler Juristen auf sehr dünnes Eis begeben.

Und die SPÖ sprach von einem »Richterputsch«.

Justizminister Christian Broda hat das als »Putsch im Richter-Talar« bezeichnet. Das war eine Äußerung, die ein Justizminister bei kühler Überlegung nicht hätte von sich geben dürfen. Dieses Urteil samt der Überreaktion von Christian Broda hat heftige Auseinandersetzungen ausgelöst, und eine wirklich abschließende, allgemein akzeptierte Analyse des Urteils gibt es meines Wissens bis heute nicht. Man kann das Urteil eines Höchstgerichtes zwar sachlich kritisieren, aber die Entscheidung ist zu befolgen. Danach hätte Otto Habsburg sofort einreisen dürfen, hat aber zunächst von dieser Möglichkeit keinen Gebrauch gemacht und erst während der ÖVP-Alleinregierung im Jahr 1966 einen ersten kurzen Einreise-Versuch gemacht, um zu testen, was passiert.

Diese 50er- und 60er-Jahre waren auch dadurch gekennzeichnet, dass man kaum noch über die Nazi-Vergangenheit gesprochen hat. Warum hat man sich damals nicht damit beschäftigt?

Dass man sich »nicht« damit beschäftigt hat, kann man nicht behaupten. Wir haben ja vorhin über das Thema Borodajkewycz gesprochen, und es hat auch andere Themen, Gerichtsprozesse und Bücher gegeben. Aber man hat nicht genau darüber gesprochen und auch nicht immer die richtigen Worte gefunden. Ich sehe das aus heutiger Sicht so: Unmittelbar nach 1945 hatten ehemalige Nationalsozialisten kein Wahlrecht. Hunderttausende Österreicherinnen und Österreicher sind damit vom Wahlrecht ausgeschlossen gewesen. Es wurden auch Gerichtsverfahren gegen NS-Verbrecher durchgeführt und 46 Todesurteile vollstreckt. Das war die erste Phase. Einige Jahre später haben aber weder ÖVP noch SPÖ etwas dagegen gehabt, den VdU (Verband der Unabhängigen) als vierte Partei zuzulassen und damit ehemaligen Nationalsozialisten die Möglichkeit zur organisierten Teilnahme am demokratischen Wettbewerb zu geben. Die Sozialdemokraten haben sich gedacht, wenn da noch eine vierte Partei kommt – noch dazu eine eher bürgerliche Partei, wie sie geglaubt haben –, verliert die ÖVP die absolute Mehrheit, die sie bei den Wahlen vom November 1945 erzielt hatte. Und die ÖVP hat sich gedacht, wenn da eine vierte Partei dazu kommt, die im Großen und Ganzen rechts der Mitte stehen wird, haben wir zumindest ein Druckmittel gegenüber den Sozialisten bei Regierungsverhandlungen und später einmal vielleicht sogar einen Reserve-Koalitionspartner. Damals war ja noch die Generation politisch aktiv, von der ein Teil im Jahr 1938 am Heldenplatz gejubelt hat. Sie war im Jahr 1948 erst um zehn Jahre älter geworden, also noch verstrickt in ihre Gefühle und Reaktionen aus 1938 und den folgenden Jahren. Man hat damals auch Deserteure noch total negativ beurteilt.

Wenn jemand aus der Hitler-Armee desertiert ist, hat man ihm nicht zugutegehalten, dass er versucht hat, sich dem Morden und den Kriegsverbrechen zu entziehen, sondern ihn eher als Vaterlands- und Kameradenverräter betrachtet. Die Überzeugung, dass die Verweigerung des Kriegsdienstes für Hitler eine zu respektierende, mutige Haltung war, hat sich ja erst mehr als 50 Jahre nach Ende des Zweiten Weltkriegs durchzusetzen begonnen. Ich würde es folgendermaßen zusammenfassen: Solange die »Kriegsgeneration« eine Mehrheit in der Bevölkerung bildete, also bis zum Ende der 70er-Jahre, gab es eine diffuse Mehrheitsmeinung in der Bevölkerung, wonach Österreich das erste Opfer Hitlers gewesen wäre, viele über die Verbrechen der NS-Zeit gar nicht Bescheid gewusst und im Grunde alle nur ihre Pflicht erfüllt hätten. Davon waren sehr viele Gespräche und auch viele Publikationen geprägt.

Kürzlich lief ein Film über den Freispruch von Franz Murer, dem »Schlächter von Wilna«, durch ein Grazer Gericht im Jahr 1963. Auch der mit Ihnen befreundete Justizminister Christian Broda wird darin angegriffen. Zu Unrecht?

Broda wurde als Justizminister angegriffen, weil »seine« Justiz verantwortlich war, dass jemand wie Murer freigesprochen wurde. Ich war damals mit Christian Broda eng befreundet und habe viel mit ihm diskutiert. Und ich habe nicht den geringsten Zweifel an der klar antifaschistischen Haltung des Christian Broda. Man kann die Frage stellen, ob er sich damals als Justizminister von solchen Urteilen hätte deutlich distanzieren sollen oder ob er als Minister gezwungen war zu respektieren, was ein Geschworenengericht entschieden hat. Er hat sich in der Habsburg-Sache scharf vom Verwaltungsgerichtshof distanziert und hätte das vielleicht eher beim Freispruch des Straflandesgerichtes Graz in der Causa Murer tun sollen. Wenn aber jemand sagt, Christian Broda habe sympathisiert mit diesen und ähnlichen Urteilen oder sogar irgendeine Beihilfe geleistet, dass eine Entscheidung in diese Richtung zustande kommt, dann ist das absoluter Unsinn. Dass Broda ein überzeugter Gegner der Nazis war, dafür lege ich meine Hand ins Feuer.

In diesen frühen 1960er-Jahren führte eine Affäre fast zur Spaltung der SPÖ, der Fall Olah. Wie sahen Sie diesen Mann?

Olah war ja nach Johann Böhm und vor Anton Benya ÖGB-Präsident, und damals gab es eine ungeschriebene Regel, laut der der Vorsitzende der SPÖ die Spitzenfunktion in der Regierung übernehmen und ein Spitzenrepräsentant des ÖGB das höchste Amt im Nationalrat ausüben soll, auf das die SPÖ Anspruch hat. Also wurde Olah 1959 nach dem Ausscheiden von Friedrich Hillegeist Zweiter Nationalratspräsident und hat aus dieser Position mit aller Macht an die Parteispitze gedrängt. Er hat dann im Koalitionsausschuss bei den Budgetverhandlungen im Herbst 1961 sehr populistisch auf eine große Steuerreform gedrängt und das Amt des Zweiten Nationalratspräsidenten hingeschmissen, als er das nicht durchsetzen konnte. Außerdem wollte er unbedingt Innenminister werden und hat für dieses Amt die Funktion als ÖGB-Präsident aufgegeben. Inzwischen hatte er sich die FPÖ durch finanzielle Zuwendungen ohne Beschluss der Gewerkschaftsgremien zu Dank verpflichtet. Und er hat auch Hans Dichand bei der Gründung der *Kro-*

nen Zeitung mit Gewerkschaftsgeldern finanziell unterstützt. Das haben der SPÖ-Vorsitzende Bruno Pittermann, aber auch Karl Waldbrunner, Christian Broda und der neue ÖGB-Präsident Anton Benya als völlig inakzeptabel empfunden: Da baut sich ein Funktionär der SPÖ Macht auf, indem er an der Partei vorbei Kontakte zur FPÖ knüpft und eine Boulevardzeitung finanziell unterstützt, die gleichzeitig Benya und Broda ständig verbal verprügelt hat. Kreisky war nicht in dieser Kerngruppe gegen Olah, weil er ihm noch aus der gemeinsamen Zeit der Illegalität im Austrofaschismus verbunden war. Er war der Meinung, das Thema Olah sollte man anders behandeln, als es die Parteispitze unter der Führung Pittermanns damals getan hat. Nachdem Olah sein Ziel, Innenminister zu werden, erreicht hatte, hat er den Apparat des Innenministeriums offenbar auch für seine Interessen eingesetzt und im Fernsehen mit Geheimakten aus dem Ressort gewachelt. Alle diese Handlungen haben einen handfesten Konflikt herbeigeführt, der dann eben zum Ausschluss von Franz Olah aus der SPÖ geführt hat. Dabei kam es zu brutalen Auseinandersetzungen, etwa als Olah-loyale Bauarbeiter vor der Parteizentrale in Wien für ihn demonstrierten. Man kennt die berühmte Szene, in der sich Minister Broda in einen Hauseingang flüchten musste, weil er auf der Straße körperlich bedroht und angegriffen wurde. Es kam dann zu einem Gerichtsverfahren, Olah wurde zu einer Freiheitsstrafe verurteilt, aber die SPÖ hat die nächsten Nationalratswahlen 1966 aus diesem und aus manchem anderen Grund deutlich verloren. Olah war alles in allem eine tragische Figur. Er war jahrelang im KZ, höchst begabt, hat sich nach 1945 energisch in den Dienst des Wiederaufbaus gestellt und hatte seine Verdienste bei der Niederschlagung der schweren kommunistischen Demonstrationen des Jahres 1950, was später sehr unterschiedlich interpretiert wurde. Die einen haben gesagt: »Der Olah hat die Demokratie gerettet, indem er einen kommunistischen Putschversuch mit Hilfe seiner Bauarbeiter zurückgewiesen hat.« Andere wieder haben gesagt: »Das war kein Putschversuch, sondern das war ein massiver, politischer Streik, der aber nicht die Unterstützung der sowjetischen Besatzungsmacht gefunden hat und den Olah zu seiner Profilierung benützt hat.« Erst in sehr hohem Alter hat Olah mit vielen seiner damaligen Gegner – soweit sie noch am Leben waren – Frieden geschlossen, und Kreisky hat sich auch um Olahs materielle Absicherung bemüht.

In dieser Auseinandersetzung sind einander Freunde und Unterstützer von Ihnen unversöhnlich gegenübergestanden. Auf der einen Seite Olah, mit dem Sie zunächst gut ausgekommen sind, unterstützt von Bruno Kreisky. Auf der anderen Seite Pittermann, Broda, Waldbrunner – alle drei langjährige Förderer von Ihnen. Wie ist es Ihnen da ergangen?

Ich war unglücklich, traurig und besorgt, aber ändern konnte ich es nicht. Ich habe schon beim VSStÖ gelernt, dass man bei einem internen Konflikt nicht gut beraten ist, sein ganzes Gewicht in eine der Waagschalen zu werfen. Es ist besser, wenn man sich um die Überwindung des Konfliktes, um Gemeinsamkeiten bemüht. Als Sekretär der Parlamentsfraktion war für mich besonders klar, dass ich bei manchen Konflikten nicht Partei ergreifen kann, aber ich war trotzdem stärker auf der Seite von Christian Broda,

Karl Waldbrunner und Bruno Pittermann. Mir war die Persönlichkeitsstruktur von Franz Olah zu schroff, zu aggressiv, zu schrill, zu machtbewusst. Olah konnte einerseits sehr weichherzig sein und vor Mitleid zerfließen, aber er konnte auch brutal und grob sein. Ich hatte damals eine Mitarbeiterin – sie lebt heute noch –, die vorher eine Zeit lang bei Franz Olah gearbeitet hat. Ihre Schilderungen haben mir ein ziemlich genaues Bild von Olah vermittelt: ein sehr gespaltener, zu Zornausbrüchen neigender Mensch, dem Macht sehr viel bedeutete. Broda und Pittermann haben mir später oft erzählt, welche Sorgen sie sich machten, dass eine Person wie Franz Olah in der SPÖ das Heft in die Hand bekommen könnte. Später als Bundespräsident habe ich – wie viele andere auch – meinen Frieden mit Franz Olah gemacht, er hatte inzwischen ein sehr hohes Alter erreicht. Er hat mich einige Male in der Hofburg besucht, und wir haben mit einer gewissen Abgeklärtheit über die 1960er-Jahre geredet, die fast schon ein halbes Jahrhundert zurücklagen.

Die Auseinandersetzung mit Franz Olah hat 1966 in die Wahlniederlage der SPÖ gemündet. War der Fall Olah wirklich dafür verantwortlich, oder hat es andere Faktoren gegeben, die mindestens ebenso wichtig waren, wie zum Beispiel das Akzeptieren der Wahlempfehlung durch die KPÖ?

Die suboptimale Reaktion der SPÖ auf die Wahlempfehlung der KPÖ vor den Wahlen vom März 1966 würde ich erst an vierte oder fünfte Stelle reihen. Und die Gründung einer eigenen Partei durch Franz Olah an die zweite Stelle. Entscheidend war, dass es schon damals eine erste Phase einer gewissen Koalitionsmüdigkeit gab, auf die die ÖVP mit einem »Reformkurs« viel geschickter reagierte als die SPÖ. Es war die Zeit, als Publizisten wie René Marcic, Otto Schulmeister oder Alexander Vodopivec und andere die Koalition immer kritischer gesehen haben, aber auch Leute wie der ÖGB-Denker Fritz Klenner oder der damals noch linke Günther Nenning über Koalitionsmüdigkeit geklagt haben. Viele Vorhaben, die die Große Koalition durchführen wollte, hatte sie zu diesem Zeitpunkt schon zu einem Gutteil gelöst. Aber bei den Problemen, die noch ungelöst waren, gab es große politische und ideologische Gegensätze: Bei der Schulreform, Universitätsreform, Strafrechtsreform, Familienrechtsreform, bei der verstaatlichten Industrie und in manchen Bereichen der Sozialpolitik. Auf allen diesen Feldern waren Lösungen zwischen den Koalitionspartnern immer schwieriger geworden. In der ÖVP hat es damals zwei Gruppen gegeben, die in Konkurrenz zueinander gestanden sind: Da waren jene, die trotz aller Zweifel die Koalition fortsetzen wollten. Ihr führender Kopf war Heinrich Drimmel. Die anderen haben sich als die »Reformer« bezeichnet. An ihrer Spitze stand der frühere Salzburger Landeshauptmann Josef Klaus und Hermann Withalm. Am Klagenfurter ÖVP-Parteitag 1964 haben zwei Teams kandidiert: Das eine war das »Reformer«-Team Klaus/Withalm (Salzburg/Niederösterreich) und das andere das Team Drimmel/Hetzenauer (Wien/Tirol). Und Klaus/Withalm haben klar gewonnen, Josef Klaus wurde Parteiobmann und Hermann Withalm Generalsekretär. Auf SPÖ-Seite war Bruno Pittermann seit 1957 an der Spitze. Bei der Wahl 1966 war er also schon seit neun Jahren Parteiobmann und hatte damals wachsenden innenpolitischen Widerstand. Zusätzlich gab es den Konflikt mit Olah, man ist mit der Wahlempfehlung der Kommunisten ungeschickt umgegangen und hatte auch die Olah-freundliche *Kronen Zeitung* eindeutig gegen sich.

Sie ist ja mithilfe Olahs gegründet worden …

Ja, sie wurde auch mithilfe von Olah gegründet, nämlich mit einem verheimlichten Darlehen aus Gewerkschaftsgeldern. Aus dieser Gemengelage heraus – eine erneuerte ÖVP, eine nicht erneuerte, durch den Olah-Konflikt geschwächte SPÖ, der man außerdem zum letzten Mal im 20. Jahrhundert erfolgreich die Kommunisten-Nähe umzuhängen versuchte – war die ÖVP Favorit für die Wahl. Sie wurde dann am 6. März 1966 nicht nur neuerlich stärkste Partei an Stimmen, sondern hatte auch eine absolute Mehrheit an Mandaten. Und da tauchte dann gleich das nächste Problem für die SPÖ auf: Kreisky und einige seiner Anhänger waren dafür, alles zu tun, um trotzdem eine Koalition mit der ÖVP zustande zu bringen, während viele andere in der SPÖ die Auffassung vertraten, dass man als Juniorpartner einer mit absoluter Mehrheit ausgestatteter Regierungspartei nur eine Alibi-Rolle spielen könne – außer es werden starke Minderheitsrechte im Koalitionspakt vereinbart. Dazu war die ÖVP aber nicht bereit.

Kreisky war trotzdem für eine Koalition?

Kreisky war durchdrungen vom Gedanken, die Sozialdemokratie habe im Jahr 1920 den historischen Fehler gemacht, das Zerbrechen der Koalition mit den Christlichsozialen aus einem relativ nichtigen Anlass nicht zu verhindern …

Was dann in die Katastrophe der Ersten Republik mündete.

Ich bin nicht sicher, ob eine Fortsetzung der Koalition zwischen Sozialdemokraten und Christlichsozialen über das Jahr 1920 hinaus die Entwicklung der Ersten Republik grundlegend verändert hätte. Aber Kreisky hat 1966 gemeint, die SPÖ sei in Gefahr, so wie vor 46 Jahren falsch zu entscheiden. Ich kann mich an eine Sitzung des Parteivorstandes erinnern, die wirklich historisch war, eine der dramatischsten innerparteilichen Sitzungen, die ich je erlebt habe, bei der es eben um jene Koalition gegangen ist. Die ÖVP hat damals gesagt: »Gut, wir machen weiterhin eine Koalition mit euch Sozialisten, aber wir haben den Wählern ein Reformprogramm vorgelegt, sie haben uns eine absolute Mehrheit gegeben, wir müssen dieses Programm vollinhaltlich durchsetzen. Wir können keinen Koalitionspakt mit euch schließen, der euch die Möglichkeit gibt, uns im Ministerrat oder im Parlament zu bremsen. Aber ihr könnt Minister in dieser Regierung stellen.« Kreisky hat gesagt: »Wir müssen die Chance wahrnehmen, eine Regierungspartei zu sein.« Die anderen haben gemeint: »Eine Koalition hat ja nur einen Sinn, wenn beide Parteien – wenn auch in abgestuftem Ausmaß – Einfluss haben. Ansonsten wären wir nur dazu da, die Regierung zu behübschen und zu verbreitern, aber die Entscheidungen fallen im Parlament der Reihe nach gegen uns. Wir wären weder in der Regierung noch in der Opposition.« Dann hat es Überlegungen gegeben, ob man nicht wenigstens einen Koalitionspakt für eine gewisse Zeit machen kann – für ein Jahr oder für zwei Jahre. Das hat die ÖVP ebenfalls abgelehnt. Im SPÖ-Vorstand ist dann mit 30 gegen 10 Stimmen, also mit Dreiviertelmehrheit beschlossen worden, dass das Angebot der ÖVP nicht ausreichend ist für eine Koalition. Daraufhin hat die ÖVP die erste Alleinregierung nach 1945 gebildet. Keine elf Monate später, am 1. Februar 1967, wurde Kreisky Parteiobmann der SPÖ. Damit ist eine ganz neue Situation entstanden: Viele Journalisten haben gejubelt über den neuen Wind, den Kreisky entfacht hat, und die ÖVP war verunsichert. Sie war fair oder klug genug, kein radikales Umfärben in Wirtschaft und Verwaltung vorzunehmen. Man hat der Opposition einerseits im Rahmen der Sozialpartnerschaft, andererseits in staatstragenden Institutionen wie Verfassungsgerichtshof, Nationalbank, Statistisches Zentralamt, großen Banken und so weiter durchaus Mitverantwortung und Mitgestaltungsmöglichkeiten belassen. Und Kreisky hat sich später, nachdem er 1970 die Wahlen gewonnen hatte und von 1971 bis 1983 mit absoluter Mehrheit regierte, ähnlich verhalten.

Was inzwischen nicht mehr so ist …

… und was zweifellos ein großer Fehler von ÖVP/FPÖ ist. Politische Brücken außerhalb von Regierung und Parlament zu schwächen oder zu zerstören, ist mit Sicherheit falsch. Ein gutes, stabiles, demokratisches System braucht eine vernünftige Mischung aus Dissens und Konsens, ein Fingerspitzengefühl für das Zumutbare und Bereiche, die auch bei einer schmäleren Koalition breit aufgestellt sind.

Zurück zu 1967. Kreisky hatte die Abstimmung im Parteivorstand verloren, was die Koalition betrifft, und wurde dennoch elf Monate später Parteivorsitzender. ÖGB-Präsident Anton Benya hat eine Brandrede gegen ihn gehalten. Bei der Lektüre des Parteitagsprotokolls gewinnt man den Eindruck, viele in der Partei hätten Kreisky als Fremdkörper gesehen. Ist das falsch?

Ich erinnere mich sehr gut an diesen Parteitag und an die Rede von Benya mit harten Formulierungen, aber es war keine Brandrede. Auch »Fremdkörper« ist nicht das richtige Wort, weil gerade Kreisky schon in den 1930er-Jahren fest in der Sozialdemokratie verankert war. Er war einer der Angeklagten im sogenannten Sozialistenprozess 1936, er war fast ein Jahr in Haft in der Zeit des Austrofaschismus – so hat Kreisky diese Diktatur immer bezeichnet. Er war mit wichtigen Playern der Zeit nach 1945 schon vor 1938 befreundet – etwa mit dem Wiener Bürgermeister Felix Slavik, mit Olah, mit Rosa Jochmann und mit vielen anderen.

Aber er war nach seiner Flucht vor den Nazis immerhin 13 Jahre lang in Schweden. Das unterschied ihn von vielen anderen in der Partei.

Ich glaube nicht, dass ihn die Tatsache der Emigration in Schweden ernsthaft »entfremdet« hat. Er ist ja nach seiner Rückkehr sehr bald Kabinettsvizedirektor in der Präsidentschaftskanzlei geworden, dann Staatssekretär, Minister und Mitglied des Parteivorstandes. Was ihn in weiterer Folge manchen ein wenig »entfremdet« hat, war sein bürgerlicher Habitus und der Umstand, dass er als Außenminister viel im Ausland unterwegs war, wie es sich für einen Außenminister gehört. Er war der elegante und erfolgreiche Außenminister, auf den alle stolz waren, aber er konnte nicht durch die Sektionen und Muttertagsfeiern wandern wie andere Spitzenfunktionäre. Die Emigrationszeit hat für ihn meiner Meinung nach keinen Nachteil gebracht: Er war jemand, der für seine Gesinnung zuerst in die Illegalität gehen musste, dann vor Gericht gestanden ist, wegen politischer Tätigkeit verurteilt wurde, im Gefängnis gesessen ist und dann flüchten musste. Das waren Pluspunkte in seiner Karriere.

Das hat bei vielen offenbar nicht gezählt. Große Teile der Wiener SPÖ und die Gewerkschaft waren bei der Vorsitzenden-Wahl gegen ihn.

Der »proletarischere« Teil der SPÖ war zunächst vielleicht skeptisch. Das galt für eine Reihe Wiener Bezirke und auch für die meisten Gewerkschafter, aber nicht für alle. Olahs Bau-Holz-Gewerkschaft war nicht gegen ihn; die Olah-Krise war noch in frischer Erinnerung. Und noch etwas muss man ansprechen. Kreisky war sich seines Judentums bewusst. Ich wage nicht zu sagen, schmerzlich bewusst, aber eines steht fest: Er sprach bei verschiedenen Gelegenheiten offen aus, dass er Zweifel habe, ob in Österreich ein Jude Bundeskanzler werden könne. Er selbst hat dann diese Befürchtung, die sich im Wahlkampf 1970 auf Plakaten manifestierte, glänzend widerlegt. Aber ich kann nicht ausschließen, dass 1967 Kreisky nicht der Einzige war, der solche Befürchtungen hatte. Er war nicht für alle der Wunschkandidat. Es wäre übrigens spannend geworden, hätte 1967 nicht Hans Czettel, sondern der frühere Minister für Verkehr und verstaatlichte Betriebe Karl Waldbrunner gegen Kreisky kandidiert. Waldbrunner galt als starke Führungsfigur und hatte großes Ansehen. Manche haben ihm aber nicht zugetraut, dass er bei Wahlen erfolgreich sein könne. Sein Verhältnis zu den Medien war völlig anders als jenes von Kreisky: Für Kreisky waren die Medien wie Luftballons, die ihn nach oben gezogen und seinen Aufstieg befördert haben. Für Waldbrunner waren die Medien – mit Ausnahme der Parteizeitungen – eher feindliches und unvertrautes Terrain.

Warum hat Waldbrunner nicht kandidiert?

Sein Gesundheitszustand war so, dass er sich eine Kandidatur nicht zugetraut und sie daher definitiv abgelehnt hat.

Benya hat Kreisky bezeichnenderweise auf diesem Parteitag ja auch vorgeworfen, dass er Interviews in ausländischen Zeitungen gegeben hat.

Richtig. Aber dieser Vorwurf hat sich nicht primär darauf bezogen, dass es eine ausländische Zeitung war, nämlich die *Frankfurter Allgemeine*, sondern vor allem darauf, dass Kreisky Zeitungsinterviews für seine »innerparteilichen Ziele« benutzt und über Parteiinterna gesprochen habe. Kreisky widersprach am Parteitag diesem Vorwurf sehr heftig. Es war noch eine ganz andere politische Kultur als heute. Heute würde jeder sagen: Warum sollte ein Zeitungsinterview nicht auch innerparteilichen Zielen dienen?

Für Sie war der Parteitag 1967 ja besonders interessant, weil sich da auch Ihr Privatleben dramatisch geändert hat.

(Lacht) Dramatisch? Ich würde sagen erfreulich.

Sie haben dort Ihren späteren Schwiegervater Otto Binder getroffen und haben sich erkundigt, wie es denn eigentlich seiner Tochter Margit gehe, die Sie ja schon aus der VSM-Zeit gekannt haben, aber schon lange nicht mehr gesehen hätten.

Mein Vater und Otto Binder waren fast gleich alt – mein Vater ist 1908 geboren, Otto Binder 1910 – und kannten sich seit Jahrzehnten. Otto Binder war dann Aufsichtsratspräsident der Austrian Airlines, und mein Vater war im Verkehrsministerium als Präsidialchef auch für die Luftfahrt zuständig. Sie hatten also auch dienstlich miteinander Kontakt. Ich kann mich erinnern, dass wir schon Ende der 1950er-Jahre die Binders im Sommer an ihrem Urlaubsort besucht haben, als Margit noch ein Teenager war. Später waren wir beide im Verband Sozialistischer Mittelschüler. Unter den Burschen und Mädchen, die sich damals kennengelernt und angefreundet haben, waren erstaunlich viele Kinder von Emigranten, besonders unter meinen Freunden: Tommy Lachs, John Sailer, Margit Binder, ebenso wie Andrea Strasser oder die drei Töchter des *AZ*-Journalisten Friedrich Scheu. Das hat zu Verständnis und Offenheit gegenüber dem Schicksal von Emigranten beigetragen, weil man Menschen kannte, die einem aus eigener Wahrnehmung über das Thema Emigration erzählen konnten. Wir haben gelernt, dass Emigration eine schwierige und traurige Sache ist und dass man nicht wegschauen darf, sondern hinschauen und etwas tun muss, wenn Menschen in existenzieller Not sind und man bestimmte Grundsätze ernst nimmt.

Ihre spätere Frau war damals, 1967, mit einem Fuß immer noch in ihrem Geburtsland Schweden. Als Sie sich bei ihrem Vater nach ihr erkundigten, hat sie gerade in Schweden gearbeitet.

Margit hatte im Sommer 1966 einen schweren Bergunfall. Sie ist in den Tauern, am Hochgolling, abgestürzt, war bewusstlos und hat sich sehr schwer verletzt. Zu dieser Zeit hatte ich sie irgendwie aus den Augen verloren. Und auf dem Parteitag 1967 hat mir ihr Vater erzählt, dass sie im Moment bei einer Tapisserie-Manufaktur in Stockholm arbeitet. Ich habe um ihre Adresse gebeten und eine Korrespondenz begonnen, die bald eine dichte Frequenz bekam und eineinhalb Jahre später, im September 1968, zum Standesamt Hietzing-Penzing führte. Ich kann heute nur sagen, dass das die beste Entscheidung war, die wir beide getroffen haben. Wobei wir noch am Abend vor der Trauung in Margits Auto, einem Citroën 2CV, gesessen sind und versucht haben, die Chancen und Risiken einer Eheschließung abzuschätzen. Wir haben richtig entschieden.

Sie haben 1968 sehr bürgerlich geheiratet, als andere Linke gerade Revolution machten.

Das eine hätte ja das andere nicht ausgeschlossen. Jedenfalls habe ich mit der geistigen Frischluft des Jahres 1968 sehr sympathisiert, aber ich war schon ein bisschen zu alt. Einer der Sprüche der 68er hat ja gelautet: Traue keinem über 30. Und ich war genau 30. Ich war also am Alterslimit für einen richtigen 68er. Aber natürlich habe ich mit Begeisterung Marcuse gelesen und André Gorz und Ernst Bloch und wie sie alle geheißen haben. Ich habe die 68er-Bewegung als eine wichtige Sauerstoffzufuhr für unsere noch immer an NS-Spätfolgen leidende Gesellschaft betrachtet, auch wenn mir manches zu weit gegangen ist. Ich war 1967 einige Zeit in Harvard bei Professor Henry Kissinger und dem berühmten Politologen Professor Seymour Martin Lipset. Wie damals etwa der Vietnamkrieg aus Sicht der amerikanischen Studenten beurteilt wurde und wie ihn die Entscheidungsträger sahen, war hochinteressant. Kissinger hat uns damals viele Tore geöffnet. Wir hatten zum Beispiel ein Gespräch mit Robert Kennedy, dem Bruder des ermordeten Präsidenten, der wenig später selbst ermordet wurde. Wir waren eine Gruppe von etwa 20 Studenten, und weil in seinem Arbeitszimmer in Washington nicht genügend Sessel waren, hat er sich einfach auf den Boden gesetzt, und wir alle haben ein »Sit-in« im Büro von Robert Kennedy gemacht. Kissinger hat uns auch mit dem damaligen US-Verteidigungsminister Robert McNamara bekannt gemacht. Dieses Gespräch war besonders interessant, weil mir McNamara wie ein lebendiger Computer erschienen ist. Er war vorher Generaldirektor von General Motors und ist dann in die Regierung Kennedy berufen und von dessen Nachfolger Johnson übernommen worden. McNamara hatte randlose Brillen, wie man sie damals noch kaum gekannt hat, einen Scheitel wie mit dem Lineal gezogen und hat wie ein Computer geantwortet, als wir ihn zum Vietnamkrieg befragt haben. Er hat genau im Kopf gehabt, wie viele Leute der Vietcong hat, wo die 480 000 Amerikaner stationiert sind, es gab Zahlen zur Feuerkraft von Truppenteilen, Panzern und

Flugzeugen. Wir waren fast sprachlos gegenüber so vielen Fakten, die alle zusammenzupassen und ihm recht zu geben schienen. Und doch hatte er nicht recht. Genau dieser McNamara hat später seine Einstellungen grundlegend geändert und den Krieg völlig anders beurteilt. Als er 20 Jahre später in Wien einen Vortrag hielt, war ich Wissenschaftsminister und habe ihn zum Essen eingeladen. Er hat die Einladung angenommen und erzählt, dass er damals den Wald vor lauter Bäumen nicht gesehen hat. Für ihn, den früheren Manager, sei dieser Krieg so etwas wie eine große Managementaufgabe gewesen. Dass dahinter grundsätzlich politische und humanitäre Fragen gestanden sind, habe er zunächst zu wenig bedacht. Das ist für mich einer der Fälle, wo jemand wirklich vom Saulus zum Paulus geworden ist.

War auch für Sie, wie für viele andere Linke, der Vietnamkrieg das große Thema der späten 1960er-Jahre?

Ja, zumindest ein sehr großes Thema. Bei mir kam noch der »Prager Frühling« dazu. Ich habe unlängst Briefe von Jiří Hájek gefunden, im Jahr 1968 Außenminister des von den Sowjets vertriebenen Reformers Alexander Dubček. Dubček selbst hat mir auch sehr imponiert, und nach 1989 habe ich mich sehr mit ihm angefreundet. Er erschien mir wie ein früher Gorbatschow in einem, im Vergleich zur Sowjetunion, sehr kleinen Land und daher unter anderen Rahmenbedingungen.

In der SPÖ hat in diesen Jahren eine gewisse Intellektualisierung stattgefunden. Karl Blecha, Heinz Kienzl und Rupert Gmoser haben das Buch Der durchleuchtete Wähler *herausgegeben …*

Ja, das war ein sehr wichtiges Buch mit neuen Erkenntnissen zur Wahlforschung.

Sie selbst haben wenig später den opulenten Sammelband Das politische System Österreichs *veröffentlicht und danach* Die roten Markierungen. *Warum ist von diesem regen intellektuellen Leben in der SPÖ so wenig übrig geblieben?*

Wie sich das intellektuelle Leben heute unter stark geänderten Umständen darstellt und manifestiert, müsste man sorgfältig analysieren. Aber wahr ist, dass in den späten 1960er-Jahren der Boden aufbereitet wurde und in den 1970er-Jahren dann gesät und geerntet werden konnte. Kreiskys absolute Mehrheit ab 1971 war ja ein Novum, weil die Sozialdemokratie seit dem Hainfelder Parteitag von 1888/89 nie eine absolute Mehrheit auf Bundesebene gehabt hatte. Und ab 1970/71 musste man Antworten geben: Was sind die Defizite unserer Gesellschaft? Was sind die längerfristigen Ziele? Und was können die ersten Schritte sein? Wie kann man das parlamentarische System nicht nur schützen, sondern weiterentwickeln, damit Mehrheit und Minderheit in konstruktiver Weise zusammenarbeiten können? Es hat damals übrigens auch in der ÖVP Aufbruchsstimmung gegeben: Die damaligen Jungen wie Wolfgang Schüssel, Heinrich Neisser, Manfried Welan, Erhard Busek, Josef Taus, Sixtus Lanner und etliche andere haben sich ebenfalls bemüht, auf der Höhe der Zeit zu sein und ÖVP in einer modernen Weise zu buchstabieren. Die Österreichische Gesellschaft für Politikwissenschaften und die *Österreichische Zeitschrift für Politikwissenschaften* wurden gegründet – beide existieren heute noch. Ich habe mich auch an der Gründung der österreichischen Sektion von Amnesty International beteiligt. Auch die ersten Frauen, wie etwa Barbara Wicha und Trautl Brandstaller, haben sich auf diesem Terrain bewegt und Anerkennung gefunden. Das war sehr wichtig, es war eine Vorstufe für vieles, was dann in den 70ern und 80ern gemacht wurde. Als meine Frau und ich 1968 geheiratet haben, stand noch im Gesetzbuch, der Mann sei das Oberhaupt der Familie, die Frau habe seine Anweisungen zu befolgen. Sie konnte ihren Wohnort ohne die Zustimmung des Mannes nicht ändern und brauchte für viele Entscheidungen seine Unterschrift. Diese Denkweise in Richtung Gleichberechtigung zu verändern, das war ziemlich schwer. Und es war noch viel mehr zu tun.

Mit Bruno Kreisky und Hannes Androsch, 1975: Knifflige Aufgaben als Klubobmann.

1970–1983

Das lange Kreisky-Jahrzehnt

Der neue Kanzler wird von seiner Partei verehrt, in allem will sie ihm aber nicht folgen, etwa bei seinem Streit mit Simon Wiesenthal. Am Ende steht der zermürbende Krach mit Hannes Androsch.

Ein frauenpolitisches Thema war dann ja eines der sehr konfrontativen Leuchtturm-Projekte der 1970 anbrechenden Ära Kreisky: Der straffreie Schwangerschaftsabbruch.

So ist es. Bis Ende der 1960er-Jahre war selbst ein Indikationenmodell für die Bischofskonferenz und für Teile der ÖVP nicht akzeptabel, was dazu beigetragen hat, dass sich die SPÖ für die Fristenlösung entschieden hat.

Indikationenmodell bedeutete: Abtreibung ist erlaubt nach Vergewaltigung oder wenn Gefahr für Leib und Leben der Frau besteht.

Nicht ganz. Indikationslösung bedeutet, dass der Schwangerschaftsabbruch grundsätzlich strafbar bleibt, aber bei Vorliegen bestimmter Ausnahme-Tatbestände, wie etwa Vergewaltigung, Gefahr für Leben oder Gesundheit der Mütter, allenfalls auch die Gefahr schwerer Missbildungen bei einem Neugeborenen, dennoch keine Strafe verhängt werden muss. Der erste Entwurf von Christian Broda war ein Indikationenmodell, der aber auf die erwähnte Ablehnung bei den Bischöfen und der ÖVP gestoßen ist. In den intensiven Diskussionen über mehrere Jahre hinweg haben sich immer mehr Ärzte und Frauen gegen die Indikationenlösung zu Wort gemeldet, Professor Rockenschaub, Hertha Firnberg, Johanna Dohnal, Anneliese Albrecht und viele andere. So hat sich das dann zur Fristenlösung weiterentwickelt. Ich habe mich aus zwei Gründen gegen die Indikations- und für die Fristenlösung entschieden: Erstens, wer die Fristenlösung als »Tötungsdelikt« ablehnt, muss das auch bei der Indikationenlösung tun. Das ist im Frühjahr 2018 in der Diskussion über eine Volksabstimmung zu diesem Thema in Irland wieder sehr deutlich geworden. Und zweitens akzeptiert die Fristenlösung die Gewissensentscheidung einer Frau innerhalb einer medizinisch vertretbaren Frist ohne gerichtliche Nachprüfung. Die Indikationslösung sieht hingegen die strafgerichtliche Überprüfung des Vorliegens bestimmter Indikationen vor, was in manchen Fällen Frauen weiterhin in den illegalen Schwangerschaftsabbruch getrieben hätte.

Kreisky hatte mit der Fristenlösung keine große Freude, weil er den Konflikt mit der Kirche fürchtete. Warum hat er sich da nicht durchgesetzt?

Er war gegen die Fristenlösung, weil er gefürchtet hat, dass der Konflikt mit der Kirche wieder aufbricht, wobei er aber die Argumente für die Fristenlösung nicht widerlegen konnte. Mir ist fast das Herz stehen geblieben, als sich

Kreisky 1973 in der Plenardebatte über die Strafrechtsreform – der Ausschuss hatte dem Plenum die Fristenlösung mit Mehrheit empfohlen – vom Abgeordnetenpult und nicht von der Regierungsbank aus zu Wort gemeldet hat. Niemand hat gewusst, was er sagen wird. Er hat vorgeschlagen, das Thema Fristenlösung überhaupt aus dem Strafrecht herauszunehmen. Das war ein sehr wolkiger Vorschlag, weil »aus dem Strafrecht herausnehmen« könnte ja heißen, dass der Schwangerschaftsabbruch nicht nur innerhalb einer medizinisch vertretbaren Frist von drei Monaten erlaubt ist. Aber das kann er ja nicht gemeint haben. Er meinte offenbar: Suchen wir eine Lösung außerhalb des Strafrechts. Aber da war eben nicht klar: Welche Lösung hätte es denn sein sollen, die der Kirche weniger Kopfzerbrechen bereitet und dennoch den Schwangerschaftsabbruch entkriminalisiert? Die hat es nicht gegeben, und es gibt sie bis heute nicht. Und dann hat Kreisky in seiner damaligen Rede gesagt: »Im Übrigen habe ich an der Kirche immer eines bewundert: ihre Fähigkeit zu verzeihen.« Und jetzt hoffe er, dass auch dieser Parlamentsbeschluss unter diese Kategorie des Verzeihens fallen möge. Da war es mucksmäuschenstill im Sitzungssaal. Auch die ÖVP war verwirrt und war sich nicht klar, ob sie jetzt klatschen soll oder ob das eine besondere Finte des SPÖ-Vorsitzenden war. Zu mir hat Kreisky nach der Debatte, in der ich die Fristenregelung befürwortet habe, gesagt: »Deine Rede war ausgezeichnet, aber ich sage dir: Ihr habt dennoch einen historischen Fehler gemacht.« Dieser Satz hat eine sehr zwiespältige Reaktion in mir ausgelöst. Einerseits hatte der Vorwurf eines »historischen Fehlers« aus dem Munde von Bruno Kreisky großes Gewicht. Andererseits war ich sehr stolz, mich in einer Gewissensfrage wirklich nur an meinem Gewissen und an keinen anderen Motiven oder Autoritäten orientiert zu haben. Heute – 45 Jahre später – hat sich die Fristenlösung in Europa weitgehend durchgesetzt.

Sie sind wenig später, also 1975, auf Vorschlag von Kreisky Klubobmann geworden und hatten gleich am Beginn ein ziemlich brisantes Problem zu lösen, die »Causa Wiesenthal«. Simon Wiesenthal hatte belastendes Material über die Zeit von FPÖ-Obmann Friedrich Peter bei der Waffen-SS veröffentlicht. Kreisky meinte, Wiesenthal wolle damit eine mögliche SP/FP-Koalition sabotieren, und machte die seltsame Bemerkung, Wiesenthal habe zur Gestapo ein anderes Verhältnis gehabt als er. Was insinuierte, Wiesenthal habe irgendwie mit der Gestapo kollaboriert. Wiesenthal hat geklagt, Kreisky hat darauf bestanden, dass das Parlament seine Immunität aufhebe, dann könne er das vor Gericht durchkämpfen. Sie sollen ihm als junger Klubobmann geraten haben, den Prozess zu lassen, weil er daraus wohl nur schwer beschädigt herauskäme. Stimmt das?

So ähnlich habe ich es gesagt, und ich habe alles versucht, um eine solche Entwicklung zu vermeiden. Ein Gerichtsverfahren hätte lange gedauert, viel Staub aufgewirbelt und unerwünschte Frontstellungen geschaffen. Es wäre mit einem erstinstanzlichen Urteil nicht zu Ende gewesen, denn wer immer da verloren hätte, hätte Berufung eingelegt, und ich dachte: Das kann Österreich nicht brauchen, dass es zwei, drei oder vier Jahre lang einen Prozess zwischen dem Bundeskanzler und Simon Wiesenthal gibt. Das konnte auch Kreisky nicht brauchen. Hätte er in erster Instanz verloren, hätte man massiv seinen Rücktritt gefordert.

Selbst wenn er in zweiter Instanz gewonnen hätte, wäre viel zerbrochenes Porzellan zurückgeblieben. Ich war der Meinung, dass so ein Prozess – wie immer er ausgegangen wäre – auch für Wiesenthal nicht gut gewesen wäre, weil das jedenfalls zu einer noch stärkeren Polarisierung geführt hätte. Wem hätte das genützt?

Wie kam Kreisky zur Ansicht, Wiesenthal habe möglicherweise mit der Gestapo kooperiert?

Soweit ich weiß, hat er sich auf Informationen von staatlichen Stellen anderer Länder gestützt. Etwa aus dem damals noch kommunistischen Polen – und auf die Angaben einiger sehr fragwürdiger Figuren. Das wäre jedenfalls alles nicht gut gewesen. Kreisky war in dieser Causa sehr emotional. Ich habe mich damals mit Leopold Gratz beraten, der völlig meiner Meinung war. Dann hat mich der *Profil*-Herausgeber Peter Michael Lingens zu Hause angerufen …

… früher Mitarbeiter von Simon Wiesenthal …

… und hat gesagt, wir müssen unbedingt aus der Sache herausfinden. Meine Überlegung war, statt eines Gerichtsverfahrens einen Untersuchungsausschuss zum Thema zu machen, inwieweit österreichische Behörden in dieser Causa sachdienliche Kenntnisse hätten. Aber diese Idee ist bei vielen erst recht in die falsche Kehle gekommen, die gesagt haben, das wäre nicht ein Untersuchungsausschuss, um etwas aufzuklären, sondern ein Untersuchungsausschuss gegen Wiesenthal.

Wäre es ja auch gewesen.

Ich habe mir damals gedacht, ein Untersuchungsausschuss, bei dem Abgeordnete aller Parteien einen konkreten Sachverhalt untersuchen und darüber einen Bericht machen, ist gescheiter als ein jahrelanges Gerichtsverfahren, das mit einem Schuldspruch oder einem Freispruch endet. Aber wahrscheinlich war das eine Fehleinschätzung. Vor allem hat mich Stephan Koren, den ich sehr geschätzt habe ...

... damals Klubobmann der ÖVP ...

... heftig gewarnt. Er meinte, das sei eine ganz falsche und schlechte Idee, was mir sehr zu denken gegeben hat. Und das Ganze ist dann ja auch nicht weiterverfolgt worden, man hat eine andere Lösung gefunden.

Bruno Kreiskys Freund Karl Kahane hat ihn von der Palme heruntergeholt und ihm geraten, sich zu beruhigen.

Kahane hat da eine wichtige und konstruktive Rolle gespielt. Wirklich beruhigt war Kreisky aber keineswegs.

Kreisky hatte einen merkwürdigen Umgang mit der Nazi-Zeit. Man hatte den Eindruck, sie habe ihn nicht wahnsinnig interessiert. Er war gefangen von den Ereignissen im Ständestaat, obwohl viele seiner Angehörigen von den Nationalsozialisten umgebracht wurden.

Ich glaube, dass das von Kreisky auf zwei unterschiedlichen Ebenen beurteilt wurde – einer intellektuellen und einer emotionalen. Kreisky war natürlich bewusst, dass die Nazis Millionen Juden umgebracht, einen Weltkrieg ausgelöst und Verbrechen von historischen Ausmaßen begangen haben. Er hat auch gewusst, dass die Dimension an Bösartigkeit zwischen dem, was man Austrofaschismus nennt, und dem Hitler-Regime unvergleichlich war. Gleichzeitig hat sich bei ihm aber das, was sich am 12. Februar 1934 und in den folgenden Jahren ereignet hat, emotional besonders tief eingegraben, weil es sein Leben und seine Freiheit massiv betroffen hat. Damals sind Gesinnungsfreunde von ihm am Galgen hingerichtet worden. Karl Münichreiter etwa wurde als Verwundeter aus dem Spital zum Standgericht geschleppt, zum Tode verurteilt und in der darauffolgenden Nacht hingerichtet. Auch bei Rosa Jochmann, die entsetzlich in den Nazi-Konzentrationslagern gelitten hat, ist mir aufgefallen, dass sie die Ereignisse des Jahres 1934 nur mit größter Emotion schildern konnte. Diese jungen Sozialdemokraten hatten das Gefühl: Das ist der Untergang der Sozialdemokratie. Vieles, was ihnen politisch und menschlich besonders wichtig war, ist 1934 zerstört worden. Dann ist Kreisky mit einer Gruppe von Freunden fast ein Jahr im Gefängnis gesessen, und bei einigen von ihnen war ja die neuerliche Verhängung von Todesstrafen befürchtet worden. Kreisky hat zeit seines Lebens gewarnt vor einer Unterschätzung des »Austrofaschismus« in Bezug auf die negativen Auswirkungen auf die Ereignisse der nachfolgenden Jahre. Und wenn es in den 1960er- und 1970er-Jahren im Nationalrat Debatten über den »Austrofaschismus« gegeben hat und Kreisky das Gefühl hatte, dass die damaligen Ereignisse von der rechten Seite des Hauses verharmlost wurden, dann konnte er sehr emotional werden. Er sagte mehrmals: »Diejenigen, die die Schläge bekommen haben, haben eben eine ganz andere Erinnerung und Empfindung als diejenigen, die die Schläge nur gezählt oder selbst ausgeteilt haben.«

Dennoch: Ich kann mich an viele Reden Kreiskys erinnern, in denen er über den Austrofaschismus und über Dollfuß gesprochen hat. Ich kann mich an keine einzige große Rede gegen die Nazis erinnern.

Ich hatte im Jahr 1981 die ehrenvolle Aufgabe, zum 70. Geburtstag von Bruno Kreisky eine zweibändige Sammlung von Kreisky-Reden aus der Zeit von 1936 bis 1980 im Umfang von mehr als 1700 Druckseiten zu sammeln, zu sichten und zum Druck vorzubereiten. Dabei bin ich auf etliche Texte gestoßen, in denen er sich mit der Nazizeit beschäftigt hat. Aber Sie haben insofern recht, dass es zwar einschlägige Reden Kreiskys bei Veranstaltungen der sozialdemokratischen Freiheitskämpfer oder bei ähnlichen Anlässen gegeben hat, aber auch meines Wissens keine große Anti-Nazi-Rede bei einem Staatsakt oder im Parlament. Er hat die Verbrechen der Nazis gekannt und mit aller Entschiedenheit verurteilt, aber ganz besonders emotionalisiert hat ihn die Zerschlagung der Demokratie in Österreich und dass er fast ein Jahr als Häftling im Gefängnis sitzen musste. Und er war außerdem der Meinung, dass es einen Zusammenhang zwischen 1934 und 1938 gegeben hat.

Sie haben in den 1960er-Jahren in der SPÖ-Theoriezeitschrift Zukunft einen Artikel unter dem Titel »Der braune Peter« geschrieben. Gemeint war FPÖ-Obmann Friedrich Peter, der wenige

Jahre später die SPÖ-Minderheitsregierung Bruno Kreiskys er-
möglicht hat. Welche Reaktionen haben Sie damals auf Ihren Text
bekommen?

Ich glaube, der Artikel ist 1963 erschienen. Kreisky hat mich
damals angerufen und gesagt: »Du, ich hab deinen Artikel
über Friedrich Peter gelesen, und ich bin ja sehr einverstanden, wenn ihr Jungen euch politisch engagiert und den Nationalsozialismus verurteilt, aber du musst dir schon überlegen, wer wirklich Schuld auf sich geladen hat. Und dem
Friedrich Peter hat noch niemand etwas nachgewiesen. Da
gibt's ganz andere, denk an den Murer …«

… Franz Murer, der »Schlächter von Wilna«, der im selben Jahr,
1963, in einem Skandalprozess in Graz freigesprochen wurde.

Richtig. Er hat gesagt: »Den Friedrich Peter kannst du nicht
ohne Weiteres in einen Topf mit den wirklichen Naziver-
brechern schmeißen.« Kreisky hat damals schon von Peter
eine andere, bessere Meinung gehabt.

Offenbar eine bessere Meinung als Sie.

Mein Wissen darüber, was sich Peter tatsächlich zuschul-
den hat kommen lassen oder nicht, ist nach wie vor kein
gesichertes. Man kann natürlich sagen, dass jemand, der in
einer SS-Einheit in Russland gekämpft hat, nicht – um
Kołakowski zu zitieren – »in den Lackschuhen privater Tu-
gend durch den Sumpf der Geschichte« geschritten sein
kann. Das ist ein sehr treffendes und bildhaftes Zitat. Aber
der Friedrich Peter, mit dem ich später als Klubobmann zu

tun hatte, hat die Verbrechen des Nationalsozialismus in sehr überzeugender Weise verurteilt. Er hat mir den Eindruck gemacht als jemand, der sich in den späten 1930er-Jahren als Eisenbahnerkind in Attnang-Puchheim von der Begeisterung für den »Führer« hat anstecken lassen, aber dann erkannt hat, was da an Verbrechen geschehen ist. Peter hat ja nach dem Krieg wieder als Lehrer zu unterrichten begonnen, und er hat mir erzählt, wie eines Tages während des Unterrichtes in einer Pflichtschule in Oberösterreich ein Polizist in Begleitung eines amerikanischen Soldaten in seine Klasse gekommen ist und ihn von der Schule weg verhaftet hat. Er ist nach Glasenbach gebracht worden, in ein Anhaltelager für ehemalige Nationalsozialisten. Und er hat zu mir gesagt: »Wir sind dort in diesem Lager nicht immer fein behandelt worden, aber ich hab mir immer gedacht, im Vergleich zu dem, was den Juden und den anderen Nazi-Opfern an Brutalität und Unmenschlichkeit angetan wurde, war das überhaupt nichts.« Ich habe Bruno Kreisky einmal auf einer Reise nach Prag begleitet – das muss gegen Ende der 70er-Jahre gewesen sein; und am Programm dieser Reise, an der auch die Klubobmänner von ÖVP und FPÖ – also Koren und Peter – teilgenommen haben, stand unter anderem ein Besuch im ehemaligen Konzentrationslager Theresienstadt. Das war sehr bewegend. Ich bin mit Kreisky relativ weit vorne gestanden, Friedrich Peter ein bisschen weiter hinten. Meine Frau, die ebenfalls mitgekommen ist, hat nachher zu mir gesagt: »Hast du den Friedrich Peter beobachtet? Dem sind die Tränen über die Wangen gerollt. Der war wirklich erschüttert.« Es gibt zwei Möglichkeiten: Entweder Friedrich Peter hatte das ziemlich unwahrscheinliche Glück, dass diese vielen bösen Situationen wirklich an ihm vorbeigegangen sind, als Mitglied einer SS-Einheit im Osten zum Beispiel in ein Kommando, das Massenerschießungen durchführt, eingeteilt zu werden. Oder er war dabei, hat es nach dem Krieg geleugnet, aber innerlich bereut. Ich kann bis heute weder für das eine noch für das andere Beweise vorlegen.

Bald nach der Affäre Wiesenthal/Peter ist in der SPÖ der Konflikt zwischen Kreisky und seinem politischen Ziehsohn Hannes Androsch ausgebrochen. Fast alle in der Partei haben sich auf die eine oder andere Seite geschlagen. Sie nicht, was Ihnen manche übel genommen haben. Hat man Ihnen das nicht abverlangt?

Das war sehr vielschichtig. Kreisky als Parteivorsitzender und Bundeskanzler konnte sich auf meine Loyalität verlassen. Aber es gab keinen »Kadavergehorsam«, und ich habe immer versucht, mir ein eigenes Bild zu verschaffen und meinen Weg zu gehen. Das war nicht immer leicht. 1980 zum Beispiel war Kreisky in Jugoslawien beim Begräbnis von Tito. Eine Mitarbeiterin von ihm hat mich angerufen und gesagt, der Bundeskanzler käme um eine bestimmte Zeit in Schwechat an, und so habe ich mit Karl Blecha vereinbart, dass wir ihn gemeinsam abholen. Wir zwei waren und sind wirklich sehr eng befreundet, wobei Blecha vielleicht noch enger mit Kreisky war, weil er dessen linke Hand im Zentralsekretariat der SPÖ gewesen ist, während ich im Parlamentsklub doch ein bisschen weiter weg war und das Parlament, bei allem Respekt, nicht im Mittelpunkt des politischen Kosmos von Bruno Kreisky stand. Wir zwei haben ihn also abgeholt, und kaum hat er uns gesehen, hat er gesagt: »Ich muss sofort mit euch reden!«

Er hat uns am Flughafen in ein Winkerl gezogen, wo es Kaffee gab, und hat gesagt: »Ich hab jetzt Zeit gehabt nachzudenken, das kann so nicht weitergehen. Die Situation mit dem Androsch ist unhaltbar geworden, und ich werde jetzt darauf bestehen, dass sich das Parteipräsidium mit dieser Sache beschäftigt. Du bist Zentralsekretär, und du bist Klubobmann, das Problem kann ja nicht einfach ungelöst bleiben. Ihr habt auch eine Verantwortung.« Er hat seine Emotionen abgeladen, und nachher haben Karl Blecha und ich beraten und sind zum Schluss gekommen: Der Zustand ist wirklich unhaltbar, aber Kreisky könne das nicht uns auftragen. Sollten etwa Blecha oder ich oder wir beide gemeinsam im Parteipräsidium einen Antrag stellen, Kreisky möge Vizekanzler Androsch ablösen? Uns war klar: Das muss Kreisky selber lösen. Er kann das nicht delegieren. Ich habe als Klubobmann gewusst, wie unersetzlich Kreisky für die Sozialdemokratie war. Ich habe in manchen Fragen andere Meinungen gehabt als Hannes Androsch, aber der frühere Gegensatz, Androsch gegen Fischer, Rechts gegen Links, wie wir das in den späten 1950er- und frühen 1960er-Jahren als Studentenfunktionäre ausgelebt haben, das hat damals keine Rolle mehr gespielt. Ich bin sicher Kreisky nähergestanden als Androsch und habe mit dem Bundeskanzler viel häufiger Kontakt gehabt als mit dem Vizekanzler. Aber ich war entschlossen, dafür Sorge zu tragen, dass man nicht sagen kann, der Klubobmann ist nicht objektiv und lässt sich in den Konflikt hineinziehen. Letztlich ist es dann auch so gekommen, dass Kreisky selbst verlangt hat, dass Androsch aus der Regierung ausscheiden und eine neue Aufgabe übernehmen soll. Benya hat verlangt, dass das in allen Ehren geschehen muss. So ging es dann auch über die Bühne, und Hannes Androsch ist als Chef in die Creditanstalt gewechselt.

Heinz Fischer, Fred Sinowatz, 1983: »Er wurde unterschätzt.«

1984–1999

»Ich hielt Sinowatz immer für unterschätzt«

Ein Kanzler wider Willen, ein ungelöster Konflikt in der SPÖ und ein Putsch beim Koalitionspartner: Das Ende der Ära Sinowatz ist der Beginn des Aufstieges von Jörg Haider und des Rechtspopulismus in Österreich.

1983 hat die SPÖ dann die absolute Mehrheit verloren, wohl nicht zuletzt als Folge des Androsch-Konfliktes. Kreisky hat noch im Abgang die Koalition mit der FPÖ eingefädelt. War es nicht ein bisschen unfair gegenüber seinen Nachfolgern, dass er ihnen praktisch keine andere Möglichkeit gelassen hat?

Der Verlust der absoluten Mehrheit mit 47,7 Prozent der Stimmen hatte mehrere Ursachen, eine davon war sicher der Konflikt Kreisky/Androsch. Nach dem Abgang von Androsch in die Creditanstalt war Kreisky offenbar unsicher, was seine Nachfolge betrifft. Vieles deutet darauf hin, dass er in der ersten Hälfte der 1970er-Jahre Leopold Gratz und Hannes Androsch als mögliche Nachfolger betrachtet hat. Gratz war der Ältere, der Erfahrenere, Androsch der Härtere mit mehr Durchschlagskraft, der Kreisky immer dann besonders imponiert hat, wenn er sein ökonomisches Wissen und seine rhetorischen Fähigkeiten gegen die ÖVP ins Gefecht geworfen hat. Dann ist der Konflikt mit Androsch entstanden, und aus Unterstützung ist Ablehnung, sogar Feindschaft geworden. Gratz ist dann ebenfalls in den Hintergrund gerückt, und es sind eher Fred Sinowatz, Jahrgang 1929, Karl Blecha, Jahrgang 1933, und manchmal auch ich in Spekulationen der Medien genannt worden. Schließlich hat sich Kreisky für Fred Sinowatz entschieden und befunden, dass er derjenige sei, der die Partei in dieser schwierigen Übergangsphase am ehesten zusammenhalten könne; und dass er auch die »politische Breite« – diesen Ausdruck hat Kreisky sehr geliebt – und genügend Autorität habe, sie zu führen. Aber Sinowatz wollte nicht Kreiskys Nachfolger werden und hat lange Zeit hartnäckig »Nein« gesagt. Kreisky hat sehr großen Druck ausgeübt, und Sinowatz hat zu mir und Karl Blecha gesagt: »Ich fühle mich sehr unwohl, dass der Bruno mich zwingt, diese Funktion anzunehmen, ich habe das nie angestrebt. Aber wenn es sein muss, dann ersuche ich euch beide, auch in die Regierung einzutreten. Und den Poldi Gratz holen wir uns später auch noch dazu, wenn es für ihn einen Nachfolger als Bürgermeister gibt.« Kreisky ist dann noch einige Monate Parteivorsitzender geblieben und hat nichts dagegen gehabt, dass Blecha und ich in die Regierung eingetreten sind. Als meinen Nachfolger als Klubobmann habe ich den ruhigen und ausgleichenden Gewerkschafter Sepp Wille vorgeschlagen, der ein breites Spektrum an Interessen hatte und es meiner Meinung nach sehr gut gemacht hat.

Viele halten nachträglich Fred Sinowatz, dessen Ära nicht glänzend verlief, für unterschätzt. Sie auch?

Ja.

Warum?

Sinowatz wurde in seinen politischen und intellektuellen Fähigkeiten unterschätzt. Manche haben ihn für einen Regionalpolitiker aus dem Burgenland gehalten, dessen geistiger Horizont keinen allzu großen Radius hat – und das war sehr ungerecht. Fred Sinowatz war ein zutiefst anständiger Mensch, er war sehr belesen, bescheiden, er hatte politisches Fingerspitzengefühl und viele weitere gute Eigenschaften. Was ihm nicht geholfen hat, war die Tatsache, dass smarte Fernsehbilder in der österreichischen Politik eine immer größere Rolle gespielt haben, und der Umstand, dass ihm die Causa Waldheim in die Quere gekommen ist. Nach 13 Jahren Kreisky hat sich Sinowatz damit eine fast unlösbare Aufgabe auf die Schultern legen lassen. Er hat viele Entscheidungen mit Augenmaß getroffen. In der Hainburg-Sache versuchte er zum Beispiel zuerst, der Rechtslage gemäß zu entscheiden, aber bevor es zu wirklich dramatischen und blutigen Zusammenstößen zwischen Exekutive und Gewerkschaftern auf der einen Seite und Demonstranten auf der anderen Seite gekommen wäre, hat er lieber nachgegeben und sich damit bei jenen Minuspunkte geholt, die das lieber »durchgezogen« hätten. Trotzdem war seine Entscheidung richtig und hat auch vor der Geschichte Bestand gehabt. Das gilt auch für manch andere Entscheidung von Sinowatz.

Er hat es dennoch schwer gehabt und steht sehr hoch in meiner Erinnerung.

Hainburg war ein Bauvorhaben, bei dem die Gewerkschaft großen Druck gemacht hat, so wie zuvor bei Zwentendorf. Auch die Industriellenvereinigung und die Wirtschaft haben sich stark dafür engagiert – in beiden Fällen erfolglos. Ist es gut, wenn sich Sozialpartner-Organisationen in heikle politische Vorgänge einschalten, die eigentlich nicht in ihre Kompetenz fallen?

Zwentendorf und Hainburg sind nicht wirklich vergleichbar. Rund um die Zwentendorf-Debatte wurde jahrelang eine internationale Diskussion geführt, ob Kernkraftwerke nach dem damaligen Stand der Technik schon mit jener großen Sicherheit betrieben werden können, die denkbare Risiken praktisch ausschließt. Das war eine sehr umstrittene Frage, und es hat ja wirklich noch unbeantwortete und ungelöste Probleme gegeben. Bei Hainburg war es anders. Die Donau fließt eine lange Strecke durch Österreich, und an diesem Fluss wurde eine ganze Reihe von Kraftwerken wie auf einer Perlenkette zum Zweck einer sauberen Energiegewinnung gebaut. Hainburg hätte ein weiteres Kraftwerk sein sollen. Es wurde einer Umweltverträglichkeitsprüfung unterzogen, und nachdem der Kraftwerksbetreiber einen positiven Bescheid der Behörde bekommen hatte, wollte man mit dem Bau beginnen. Und da haben sich dann Umweltorganisationen, die inzwischen stärker gewordenen grünen Gruppierungen, die Österreichische Hochschülerschaft, aber auch andere quergelegt und durch Au-Besetzungen und Demonstrationen versucht, den Bau des Kraftwerkes zu verhindern. Die Gewerkschaften – aber nicht nur die – haben gesagt, es kann doch nicht sein, dass der Staat auf Basis der bestehenden Gesetze prüft, ob ein Bauwerk legitim ist, und nachdem ein rechtsgültiger Bescheid erlassen wurde, fällt man dem Staat, dem Rechtsstaat, in den Arm und sagt, das passt uns nicht, wir werden den Bau durch physischen Einsatz verhindern. Für den Innenminister, das war damals Karl Blecha, war das eine sehr schwierige Situation. Dass Fred Sinowatz letzten Endes nachgegeben hat, haben ihm viele als Schwäche angekreidet. Ich habe ihn in dieser Haltung unterstützt. Die Verhandlungen zwischen Regierungsvertretern und den Kraftwerksgegnern waren teilweise sehr emotional. Ich bin am Tisch der von mir persönlich sehr geschätzten Freda Meissner-Blau gegenübergesessen und habe gespürt, mit welcher inneren Erregung und mit welcher Emotionalität sie gesagt hat: »Wenn die Baumaschinen auffahren, werfe ich mich vor diese Maschinen.« Das hat mich einerseits als Jurist empört, als Mensch hat es mich stark bewegt. So antagonistisch wir uns damals gegenübergesessen sind, so gut haben wir uns später verstanden. Ich habe den Rest ihres Lebens mit Freda ein sehr freundschaftliches Verhältnis gehabt.

Sie haben auch andere Leute auf der gegnerischen Seite des Tisches seit Jahrzehnten gut gekannt, zum Beispiel Ihren Genossen Günther Nenning …

… und das war ebenfalls schwierig, obwohl der Höhepunkt in meiner Beziehung zu Günther Nenning damals, in den 1980er-Jahren, eigentlich schon vorbei war. Wir hatten vor allem in den 1960er- und 1970er-Jahren sehr engen und freundschaftlichen Kontakt. Ich habe auch für seine Zeitschrift, das *Forum*, viele Texte geschrieben und oft mit ihm diskutiert.

Als es noch den »linken« Nenning gab.

Als es noch den linken Nenning gab, einen seriösen Nenning, den man ernst nehmen konnte. Aber abgesehen von Personen war die Lage selbst sehr schwierig. Es hat für die Regierung nur die Wahl zwischen Skylla und Charybdis gegeben: Entweder sich für den Verzicht auf den Rechtsstandpunkt, aber für die Wahrung des inneren Friedens zu entscheiden – oder diesen Frieden aufs Spiel zu setzen. Fred Sinowatz war in die Enge getrieben und hat durch seine Entscheidung gegen das Kraftwerk viel an Prestige verloren und nur wenig Dank bekommen.

War Ihnen damals im Dezember 1984 klar, dass das die Geburtsstunde einer neuen Partei war?

Nein, ich kann nicht behaupten, dass ich das damals schon in diesem Licht gesehen hätte. Es war klar, dass es da eine neue Bewegung mit Rückenwind gibt, die eine eindrucksvolle Unterstützung in der jüngeren Generation, unter den Studenten, aber auch unter vielen Wissenschaftlern gehabt hat. Es war klar, dass jene Ideen, die mit dem Club of Rome begannen, jetzt im vollen Umfang auf Österreich durchgeschlagen und hier Fuß gefasst hatten. Aber dass es schon bald eine parlamentarische Vertretung dieser Bewegung geben würde – das habe ich so nicht vorhergesehen. Die grüne Bewegung war damals auch noch ziemlich diffus und zersplittert. Es hat viele Strömungen gegeben, ein breites Spektrum zwischen Links und Wertkonservativismus, zwischen Ökologie und esoterischen Motiven. Der Kern einer Parlamentspartei war für mich damals noch nicht sichtbar, obwohl es dann sehr rasch gegangen ist.

Sie waren damals Präsident der Naturfreunde. Damit sind Sie in einer Doppelmühle gesteckt.

Es war manchmal schwierig, aber nicht sehr, weil innerhalb der Naturfreunde-Bewegung der Standpunkt der Arbeitsplatzsicherung und der Energieversorgung doch auch viel Gewicht hatte, sodass wir zwar lebhafte Diskussionen hatten, aber nie die Gefahr bestand, dass keine gemeinsame Linie gefunden werden kann oder dass sie mir durch Beschlüsse Aufträge mitgeben, die ich nicht hätte vertreten können. Die Diskussion hat natürlich auch in die anderen alpinen Vereine hineingewirkt, aber das waren lösbare Probleme. Ich erinnere zum Beispiel daran, dass die Naturfreunde und der Alpenverein gemeinsam großen Anteil an der Errichtung der Nationalparks im Westen und im Süden Österreichs und auch im Burgenland hatten und damit zahlreiche Gewässer und ökologisch wichtige Regionen geschützt werden konnten. Bergsteigen und Naturfreunde gehören zu den besonders erfreulichen Erfahrungen in meinem Leben. Und meine Kinder krabbelten schon in der Hochgebirgsschule Glockner-Kaprun herum, bevor sie noch im Volksschulalter waren.

In diesem Jahr 1984 gab es noch ein anderes Ereignis. Ihr Freund Ferdinand Lacina wurde Verkehrsminister, Länderbank-Generaldirektor Franz Vranitzky Finanzminister. Letzteres hat bei Bruno

Kreisky, der ja erst ein Jahr weg war, große Verbitterung hervor-
gerufen, weil er behauptet hat, Vranitzky sei ein Abgesandter sei-
nes Erzfeindes Hannes Androsch. Zu Recht?

Hier muss ich ein bisschen ausholen: Kreisky hatte ein außergewöhnliches Leben: Die Erste Republik, die Haft in der
Schuschnigg-Diktatur, die Gestapo, die Emigration. Ich
kenne kaum jemanden, der sich in so hohem Ausmaß der
Politik verbunden und verpflichtet gefühlt hat und der seine Belohnungen im Leben so sehr aus Erfolgen in der Politik geschöpft hat wie Kreisky. Ab dem Konflikt mit Hannes
Androsch und insbesondere nach seinem Ausscheiden aus
der Regierung war er zum Teil sehr bedrückt und auch ver-
bittert. Er hatte meines Erachtens echte Entzugserscheinungen. Kreisky ist bei seinem Ausscheiden vom SPÖ-Partei-
tag einstimmig zum Ehrenvorsitzenden gewählt worden,
und diejenigen, die das beschlossen haben – also wir alle –,
legten die Betonung auf »Ehren«. Bruno Kreisky hatte eher
den zweiten Teil des Wortes, also »Vorsitzender«, im Auge.
Die Regierungsumbildung, die Fred Sinowatz im Spätsom-
mer 1984, ohne Kreisky zu konsultieren, in Angriff genommen hatte, ist von Fred als Akt der Emanzipation empfunden worden, und das war sie ja auch. Im August 1984 hat
Sinowatz Gratz, Blecha und mich zu sich nach Hause in
Neufeld eingeladen. Karl Blecha war dann allerdings nicht
dabei, weil er noch im Ausland auf Urlaub war. Fred hat an
diesem Abend gemeint, er habe das Gefühl, mit einer Regierung zu arbeiten, die im größeren Maß von Kreisky ausgesucht wurde als von ihm selbst. Diese Leute seien ver-
ständlicherweise in besonderem Maße gegenüber Kreisky
zur Loyalität verpflichtet. Er wollte die Regierung in eini-

gen Punkten so verändern, dass er das Gefühl habe, das ist wirklich *seine* Regierung. Deshalb war ihm wichtig, dass Leopold Gratz, sein besonders enger Freund, den Posten des Wiener Bürgermeisters aufgibt und als Außenminister in die Regierung eintritt. Das hätte nach der Vorstellung von Sinowatz relativ schmerzlos erfolgen können, weil ja Außenminister Erwin Lanc Chancen hatte, Wiener Bürgermeister zu werden. Fred Sinowatz hat sich einen Ämtertausch vorgestellt. Aber da hat die Wiener SPÖ nicht mitgespielt und die Wahl von Erwin Lanc zum Bürgermeister verhindert. Das wurde vielmehr Helmut Zilk. Die Entscheidung, Franz Vranitzky statt Herbert Salcher zum Finanzminister zu machen, war – bei aller Freundschaft zu Salcher – eine richtige und notwendige Entscheidung. Kreisky war sehr reserviert gegenüber Vranitzky, weil er Salcher als einen Gewährsmann auch in der Auseinandersetzung mit Hannes Androsch gesehen hat. Dieser Konflikt ist ja trotz des Ausscheidens der beiden Kontrahenten aus der Regierung immer noch nicht zur Ruhe gekommen. Daher lautet die Antwort: Die anfänglichen Vorbehalte Kreiskys gegen Vranitzky waren unbegründet.

Ihnen ist einmal das Außenministerium angetragen worden. Warum haben Sie es nicht genommen?

Das war schon ein Jahr vorher, bei der Bildung der Regierung 1983, als Sinowatz gemeint hat, er möchte Karl Blecha und mich in der Regierung haben. Blecha sollte Innenminister werden, und mir hat er vorgeschlagen, das Außenministerium zu übernehmen. Ich habe mir zwei Tage Bedenkzeit erbeten. Das war ein Wochenende, an dem ich mit meiner

Frau im Zillertal Ski fahren war. Wir sind dann gemeinsam zum Schluss gekommen, es wäre besser, ein anderes Ministerium zu übernehmen, zum Beispiel das Wissenschaftsministerium, ein Bereich, der mich sehr interessiert hat. Erstens hatte ich damals noch kleine Kinder. Lisa war acht, Philip elf. Als Außenminister ist man ständig unterwegs, und das wollte ich nicht. Zweitens habe ich gewusst, dass ich nur zwei Möglichkeiten hätte: Entweder bin ich der verlängerte Arm von Kreisky in der Regierung, oder ich habe einen Konflikt mit ihm. Beides wollte ich nicht. Ich habe Kreisky wirklich verehrt, so wie ich es heute noch tue, aber das wäre eine Zerreißprobe geworden. Sinowatz hat mir das auch nie nachgetragen, er hat das verstanden.

Sie haben Ihre Kinder erwähnt: Sie waren ja schon bei deren Geburt Politiker. Hatten Sie manchmal das Gefühl, dass Sie Zeit mit ihnen versäumt haben?

Jeder, der voll berufstätig ist, versäumt etwas mit Kindern. Aber ich habe das Gefühl, dass unser Familienleben gut funktioniert hat, weil wir eben doch sehr viel zusammen waren. Das Haus, das meine Eltern auf der Hohen Wand gebaut haben und das meine Kinder geliebt haben und heute noch lieben, war ein Refugium, in das wir uns oft zurückgezogen haben. Da sind auch viele Leute auf Besuch gekommen: Kreisky und Kardinal König, die Sozialpartner Benya und Sallinger, sogar Jörg Haider war einmal zu Gast, weil ich als Nationalratspräsident die Mitglieder der Präsidiale, also auch die Klubobleute, zu einem Mittagessen auf die Hohe Wand eingeladen habe. Ich glaube, ich war für einen Spitzenpolitiker relativ viel und gut mit meinen Kindern zusammen. Und meine Frau hat ja ein wirklich großes Opfer gebracht und viel geleistet, weil sie ihren Beruf als Textilexpertin im Museum für Angewandte Kunst aufgegeben hat, als Philip auf die Welt gekommen ist. Unsere Vereinbarung war, sie »schupft« den Haushalt, ich helfe, so gut ich kann, und wir machen auch im politischen Bereich so viel wie möglich gemeinsam. Sie war und ist politisch sehr interessiert und sehr gut informiert. Ihr Urteil war und ist mir sehr, sehr wichtig. Kreisky, Sinowatz, Benya, Broda und viele andere haben sie sehr geschätzt, und auch heute schätzen sie sehr viele Menschen. Unser System hat sich in den zwölf Jahren, in denen ich Bundespräsident war, besonders bewährt, weil sie da in vieles eingebunden war, bei Staatsbesuchen und Auslandsreisen eine bestimmte Rolle hatte und weil die Kinder schon erwachsen waren.

Zurück zu den 80er-Jahren. Bald nach den Hainburg-Wirbeln haben die Waldheim-Turbulenzen begonnen. Eine Zeit lang ist ja diskutiert worden, ob Waldheim nicht ein gemeinsamer Kandidat von ÖVP und SPÖ werden könnte. Wurde das ernsthaft erwogen?

Es war so, dass die SPÖ keinen Kandidaten hatte, der sich aufdrängte, und dass es Überlegungen zu einem gemeinsamen Kandidaten gab; einer, der nicht aus einer Partei kommt, ein überparteilicher Kandidat. Gelegentlich ist der Name Hugo Portisch gefallen, der aber nicht wollte, weshalb man auch an einen hohen Richter dachte. Die ÖVP ist relativ früh mit dem Namen Waldheim an die Öffentlichkeit gegangen. Waldheim war während der ÖVP-Alleinregierung Außenminister und hat in manchen Bereichen sehr konservative Standpunkte vertreten. Dem Modell eines gemeinsamen Kandidaten mit der SPÖ hat Waldheim nur sehr bedingt entsprochen. Aber Alois Mock hat sich gute Chancen ausgerechnet, dass Waldheim gewinnen kann, und er hat daher auch keine großen Anstrengungen unternommen, einen gemeinsamen Kandidaten zu finden. Und so hat eben Kurt Waldheim für die ÖVP und Bundesminister Kurt Steyrer für die SPÖ kandidiert. Alles Weitere hat sich ja auf offener Bühne und von vielen Seiten beleuchtet, kritisiert und analysiert abgespielt.

Später gab es immer wieder Vorwürfe der ÖVP, die SPÖ hätte in Zusammenarbeit mit der sogenannten »Ostküste« in Waldheims Kriegsvergangenheit »gewühlt«. War die SPÖ da involviert?

Die These, die SPÖ habe das in Zusammenarbeit mit der sogenannten »Ostküste«, also dem Jüdischen Weltkongress, ins Spiel gebracht, hält heute niemand mehr aufrecht. Sie ist auch nicht richtig. Es hat damit begonnen, dass ein *Profil*-Journalist …

… Hubertus Czernin …

… in Archiven gesucht hat. Das war in Ordnung, ein Präsidentschaftskandidat muss es sich gefallen lassen, dass seine Biografie gecheckt wird.

Waldheim wurde vorher gefragt, und er hat zugestimmt, dass Czernin seine Wehrstammkarte sehen darf.

Eben, und da sind Diskrepanzen zu seiner offiziellen Biografie aufgetaucht. Und wenn so etwas einmal passiert, dann läuten viele Telefone, dann recherchieren viele Journalisten, und es werden viele Spuren verfolgt. Manche waren falsch, und manches hat gestimmt. Natürlich hat dann auch die SPÖ zu recherchieren begonnen und viele andere auch. Ich habe in weiterer Folge zum Thema Waldheim mehrfach öffentlich Stellung genommen, zum Teil schon im Wahlkampf, aber auch als Nationalratspräsident, als Waldheim seine Amtszeit nach sechs Jahren beendet hat. Und ich wurde bei der Verabschiedung des verstorbenen Bundespräsidenten Waldheim im Stephansdom, als ich schon Bundespräsident war, gebeten, eine Rede zu halten. Das habe ich getan. Für mich war klar, dass es unakzeptable Verleumdungen waren, wenn Waldheim in manchen US-Medien als Kriegsverbrecher dargestellt wurde. Aber Waldheim hat sich selbst in die Gruppe derer, die im Dritten Reich »nur ihre Pflicht erfüllt« haben, eingereiht. Und diese »Pflichten« im Dritten Reich waren sehr vielfältig und vielschichtig. Das war ein weiter und ungenauer Begriff. Auch über seine Biografie wurde diskutiert, in der wichtige Dinge nicht enthalten waren, und über den Wahrheitsgehalt seiner Behauptung, über die Judenverfolgung in seinem Einsatzbereich in Griechenland nicht gewusst zu haben. Alles in allem war das ein unglückliches Kapitel in der österreichischen Innenpolitik, das übrigens auch für Kurt Steyrer alles andere als angenehm war. Aber diese Wahl hat andererseits Diskussionen ausgelöst, die letzten Endes unserem Geschichtsbild gutgetan und die uns bei der Auseinandersetzung mit der NS-Zeit ein gutes Stück weitergebracht haben.

Besonders der letzte Slogan der Waldheim-Kampagne »Jetzt erst recht!« hat zu heftigen Auseinandersetzungen geführt.

In der Politik gibt es das große Problem, wie man mit dem verhängnisvollen, aber doch immer wieder Anwendung findenden Satz umgeht, der da lautet: »Der Zweck heiligt die Mittel«. Die ÖVP, vor allem ihr damaliger Generalsekretär Michael Graff, hatte das Gefühl, letztlich werde ihr diese Diskussion um Waldheim sogar nützen. Und für diese Stimmung wollte der ÖVP-Generalsekretär mit dem Slogan »Jetzt erst recht!« Segel setzen, er wollte die Pro--Waldheim-Emotionen auffangen und nutzbar machen. Er hat aber nicht bedacht, wie sensibel diese Fragen sind, dass es auch um die Gefühle der Opfer des Nationalsozialismus gegangen ist. Viele von ihnen haben damals ja noch gelebt.

Sie haben als Nationalratspräsident wahrscheinlich oft Kontakt mit Waldheim gehabt. Haben Sie mit ihm über diese Themen gesprochen?

Ja, immer wieder, auch noch als Bundespräsident. Er hat immer den Standpunkt vertreten: »Ich war innerlich nie ein Nationalsozialist, ich bin in diese Maschinerie hineingezwungen worden. Ich habe mir die Uniform der deutschen Wehrmacht ja nicht gewünscht und nicht ausgesucht.« Aber für das, was das Verhalten Waldheims für Andersdenkende so problematisch gemacht hat, hatte er trotz vieler Diskussionen meines Erachtens kein ausgeprägtes Sensorium. Kurt Waldheim war zu mir immer außerordentlich korrekt und zuvorkommend. Er hat den Kontakt gesucht. Elisabeth Waldheim, seine Frau, hat mir sehr imponiert. Sie hat unter den Auseinandersetzungen rund um ihren Mann sicher sehr gelitten, aber immer Haltung bewahrt.

Hatten Sie das Gefühl, dass sich Waldheim seine eigene Geschichte schönredete?

Er war eben noch ein typischer Angehöriger der »Kriegsgeneration«. In seiner Generation haben sehr viele, wahrscheinlich sogar die meisten so gedacht wie er. In den Jahrzehnten nach dem Krieg hat man jemanden, der sich während des Krieges entschlossen hat, seinem Gewissen folgend aus der Hitler-Armee zu desertieren, als einen unehrenhaften Menschen betrachtet. Es hat 60 Jahre gedauert, bis man ein Denkmal für jene errichtet hat, die Opfer der NS-Militärgerichtsbarkeit geworden sind. Dieses Umdenken hat sehr spät stattgefunden, und dieses Umdenken hat Waldheim, glaube ich, nicht oder nicht rechtzeitig nachvollzogen. Ich habe ja mit Mitarbeitern in der Präsidentschaftskanzlei gearbeitet, die zum Teil schon zur Zeit von Kurt Waldheim dort waren und die mir erzählt haben, wie das aus der Innensicht der damaligen Präsidentschaftskanzlei ausgesehen hat, wie man reagiert hat auf die Historikerkommission, auf das Dokumentationsarchiv des Widerstandes, auf Reden Vranitzkys etc. Und dann gab es noch jene, die Waldheim übereifrig in seiner anfänglichen Haltung unterstützt und ihm dabei Ratschläge gegeben haben, die ihm nichts nützten. Das alles war für ihn sicher sehr schwierig. Ich kann mir durchaus vorstellen – bin eigentlich sogar sicher –, dass jener Waldheim, der 1992 aus dem Amt des Bundespräsidenten ausgeschieden ist, mit den Problemen des Jahres 1986 anders umgegangen wäre, wenn er das Rad der Zeit um sechs Jahre hätte zurückdrehen können.

»Als Heinz im Pullover kam«

Zwischenruf von Ferdinand Lacina
Jugendfreund und später Finanzminister

Heinz Fischer lernte ich im Verband Sozialistischer Mittelschüler kennen. Unser Altersunterschied von vier Jahren relativierte sich mit zunehmender Lebenszeit, in der Jugendorganisation war er noch der Abstand zwischen zwei Generationen – Maturant und Viertklassler. Später waren wir gemeinsam im Verband Sozialistischer Studenten, beide auf der Seite der Linken, in erbitterte Fraktionskämpfen verwickelt. Heinz Fischer, jahrzehntelang ein engagierter Parlamentarier, führte das damals recht kleine Häuflein der Sozialisten im Studentenparlament an. Prompt wurde er in der Zeitung der Hochschülerschaft an den Pranger gestellt, hatte er doch in der konstituierenden Sitzung des Zentralausschusses statt Anzug und Krawatte einen Pullover getragen – eine »Missachtung des Parlamentes«. Das dürfte er sich sein Leben lang gemerkt haben.

Damals hätte ich mir nicht gedacht, dass wir zwanzig Jahre später jede Woche gemeinsam am Ministerratstisch sitzen würden, Heinz Fischer als Wissenschaftsminister und ich zunächst als Staatssekretär und später ebenfalls als Minister. Gemeinsam mit dem damaligen Außenminister Erwin Lanc durften wir Bundespräsident Rudolf Kirchschläger bei seinem offiziellen Besuch in den Vereinigten Staaten von Amerika begleiten – von der Ost- bis an die Westküste und retour –, bis zum Höhepunkt des Besuches im Weißen Haus. Nach offiziellen Gesprächen und einem feierlichen Dinner wurden wir – zunächst die geladenen Österreicher – paarweise in den Ostflügel geführt, um einem Jazzpianisten zu lauschen. Links sollten die Österreicher sitzen, rechts die US-Amerikaner, auf den mit Schildchen versehenen Stühlen – dem strikten Protokoll gemäß. Kurt Waldheim, als ehemaliger UN-Generalsekretär und damaliger Gastprofessor in Washington, zählte zu den Geladenen. Das US-Protokoll hatte ihm und seiner Gattin einen Platz in der zweiten Reihe zugewiesen, was er jedoch nicht akzeptierte. Da die erste Reihe auf österreichischer Seite schon besetzt war, nahm er auf der US-Seite Platz. Die Vertreter des Protokolls verzweifelten, wurden doch immer neue Honoratioren angeliefert – und die Sitzordnung war vollkommen durcheinandergebracht. Ein unbestätigtes Gerücht besagt, dass sich Waldheim auf den Platz des US-Justizministers Edwin Meese gesetzt habe und dies die eigentliche Ursache dafür gewesen sei, dass der später zum Bundespräsidenten Gewählte von Meese auf die amerikanische »Watchlist« gesetzt worden sei.

Österreich hatte schon mehrere Bundespräsidenten, solche und andere. Danke, Heinz Fischer!

Man kann Waldheims Amtszeit nicht wirklich beurteilen, weil er weitgehend isoliert war. Aber wäre er unter normalen Umständen ein guter Bundespräsident gewesen?

Das kann ich nicht beantworten. Es ist ja nicht einmal leicht zu sagen, ob Schärf ein besserer Bundespräsident als Jonas oder Körner ein besserer als Kirchschläger gewesen ist oder umgekehrt. Ich kann nur sagen, dass Waldheim sicher sehr viel von Außenpolitik verstanden hat, und er hatte aus seiner Funktion als Generalsekretär der UNO ein beträchtliches internationales Kapital. Aber ob er ein guter Bundespräsident geworden wäre, hätte er diese Problematik nicht mitgeschleppt? Er hätte jedenfalls viele Voraussetzungen für eine erfolgreiche Amtszeit gehabt.

In Vertretung des abwesenden Außenministers mussten sie 1986 dem Ministerrat die Ernennung des neuen Kardinals und Erzbischofs von Wien Hans Hermann Groër zur Zustimmung vorlegen. Das Konkordat zwischen Vatikan und Österreich sieht das so vor. Haben Sie Groër zuvor gekannt?

Ich habe Groër nicht näher gekannt. Er war aber – lange vor mir – Schüler jenes Hietzinger Gymnasiums, in dem auch ich maturiert habe. Da hat es die eine oder andere Veranstaltung für ehemalige Schüler des Gymnasiums gegeben, bei der ich Hans Hermann Groër begegnet bin. Aber eben nur begegnet.

Sie haben einmal erzählt, Sie seien 1998, nach den Profil-*Enthüllungen über Groërs Missbrauchsaffäre, aus der Kirche ausgetreten. Ist Ihnen dieser Schritt schwergefallen?*

Ich habe zumindest einige Monate darüber nachgedacht, ehe ich diesen Entschluss gefasst habe. Es ist nicht mit leichter Hand und ohne Nachdenken geschehen. Wir haben ja schon an früherer Stelle kurz über Fragen der Religion gesprochen. Meine Bindung zur Kirche war nicht besonders eng, das ist richtig. Genauer gesagt war ich schon vor 1998 kein Besucher der Sonntagsmessen und habe meine eigenen Vorstellungen über die sogenannten »letzten« Dinge. Aber ich hatte einen guten, freundschaftlichen und lebenslangen Kontakt zu meinem Religionsprofessor im Gymnasium, der als Divisionspfarrer der 6. Armee der deutschen Wehrmacht in Stalingrad war und dessen Erzählungen mich faszinierten. Später hat sich ein sehr guter und für mich wertvoller Kontakt zu Kardinal König entwickelt. Ich weiß bis heute nicht, ob der Kardinal erfahren hat, dass ich damals wegen der Groër-Affäre aus der Kirche ausgetreten bin. Ich habe es nie mit ihm besprochen, und er hat mich nie gefragt. Er war 33 Jahre älter als ich und ein Kirchenmann; ich war ein viel jüngerer sozialdemokratischer Politiker. Aber es hat eine gute Chemie gegeben. Kardinal König war öfter bei uns zu Hause in der Josefstädter Straße zum Mittagessen. Am Abend hat er nicht gerne gegessen. Aber wenn meine Frau zu Mittag gekocht hat, hat sie immer Lob bekommen, und er ist auch einige Male zu uns auf die Hohe Wand gekommen. Kardinal König war ein besonders eindrucksvoller Mann. Wenn mich etwas abgehalten hätte, Konsequenzen aus der Affäre Groër zu ziehen, dann wäre es am ehesten Kardinal König gewesen. Aber Groër war ja offenbar auch für Kardinal König ein schwieriges Kapitel.

Sie haben offenbar immer den Kontakt mit »alten weisen Männern« gesucht. Sie waren ja auch mit Rudolf Kirchschläger sehr eng.

Das stimmt – auch nachdem er als Bundespräsident abgetreten war. Ich habe immer sehr gerne mit ihm geredet. 1985, da war ich noch Wissenschaftsminister, hat mich

Kirchschläger einmal eingeladen, auf einen Staatsbesuch in die Vereinigten Staaten mitzureisen. Ronald Reagan war Präsident. Ich habe zu Bruno Kreisky gesagt: »Du, der Herr Bundespräsident hat mich eingeladen, ihn auf seinem Staatsbesuch in die Vereinigten Staaten zu begleiten. Was meinst du?« Kreisky hat geantwortet: »Na, das wird aber fad werden.« »Wieso?«, fragte ich. »Na, weißt du, wie das bei Reagan funktioniert? Der hat einen Zettel, so groß wie eine Zigarettenschachtel, da stehen fünf Punkte drauf, und die werden besprochen. Wenn die fünf Punkte fertig sind, dann ist die Unterredung beendet. Irgendwas Spontanes oder Neues darfst du da nicht erwarten.« Der Besuch war dann großartig vorbereitet, und Reagan hat große Gastfreundschaft an den Tag gelegt. Für die Flüge innerhalb der USA hat er dem österreichischen Bundespräsidenten und seiner Delegation sogar die *Air Force One* zur Verfügung gestellt. Aber als das Gespräch mit Reagan im Oval Office des Weißen Hauses begann, nahm er wirklich einen Zettel aus der Tasche, so groß wie eine Zigarettenschachtel, und ich hätte beinahe lachen müssen. Er hat die vorbereitete Tagesordnung abgearbeitet, aber danach das Gespräch nicht beendet, sondern gesagt: »Jetzt haben wir noch ein bisschen Zeit«, und hat mit der österreichischen Delegation dann doch eine ganze Weile im Stehen geplaudert, es war eigentlich sehr interessant und angenehm. Die Prognose Kreiskys über den Ablauf des Gespräches war also nur bedingt richtig.

Am Ende der Regierungszeit des Kabinetts Sinowatz/Steger, also kurz vor der Waldheim-Wahl des Jahres 1986, erschien eine Meinungsumfrage, laut der die ÖVP mit 37 zu 32 Prozent vor der

SPÖ führte. Ein Fünf-Prozent-Vorsprung, das war schon beträchtlich. Warum war diese Regierung so unbeliebt?

Sinowatz war ein Hiob der Politik, dem alles auf den Kopf gefallen ist, was nur passieren konnte. Über einige Probleme haben wir ja schon gesprochen. Es ist in seiner Zeit auch der Wein-Skandal geplatzt, für den er ebenfalls nichts konnte. Aber gerade für Sinowatz als Burgenländer war ein Wein-Skandal natürlich ein beträchtlicher Image-Schaden. Es ist dann übrigens ein gutes und strenges Wein-Gesetz geschaffen worden, das maßgeblich dazu beigetragen hat, dass die Weinqualität in Österreich heute besonders hoch ist. Dann war da noch die Frischenschlager / Reder-Geschichte, der Aufstieg Haiders ist in seine Amtsperiode gefallen, die Auseinandersetzung zwischen Kreisky und Androsch hat sich fortgesetzt, und Vizekanzler Norbert Steger hat auch nicht gerade zur Steigerung der Popularität der Regierung Sinowatz beigetragen.

FPÖ-Verteidigungsminister Friedhelm Frischenschlager hat den aus italienischer Haft heimkehrenden NS-Kriegsverbrecher Walter Reder mit Handschlag empfangen. Wie konnte das passieren?

Er hatte meiner tiefen Überzeugung nach nichts Übles im Sinn. Frischenschlager ging es bei Reder ein bisschen so wie Innenminister Otto Rösch mit dem Terroristen Carlos 1975 am Schwechater Flughafen. Damals hat Rösch in einer sehr angespannten Situation dem sich unter Mitnahme von Geiseln verabschiedenden Terroristen Carlos reflexartig die Hand gegeben. Rösch wurde das sehr übel genommen. Reder war zweifellos ein Kriegsverbrecher, er saß 33 Jahre in Festungshaft in Italien, bis ihm – nach zahlreichen Interventionen aus Österreich – die Rückkehr nach Österreich ermöglicht wurde. Als er das Flugzeug verließ und am Grazer Flughafen österreichischen Boden betrat, hat ihm Frischenschlager die Hand gegeben. Das wurde mala fide zum »Staatsempfang« hochgejubelt.

Aber warum musste unbedingt der Verteidigungsminister dabei sein, als er ankam?

Das war natürlich ein Fehler, aber es war ein erklärbarer Fehler ohne Hintergedanken. Ausgehandelt wurde die Entlassung mit den Italienern vom österreichischen Außenministerium in Einvernehmen mit dem Verteidigungsminister. Reder wurde schließlich in einem italienischen Militärflugzeug nach Österreich überstellt, ein italienischer Offizier ist mitgeflogen, und Reder sollte vom österreichischen Bundesheer in Empfang genommen und zunächst in eine Kaserne gebracht werden – zu einer Art »Abkühlungsphase«. Das Ganze sollte ohne Medien geschehen. Darum hat man ja auch nicht den Wiener, sondern den Grazer Flughafen für die Ankunft ausgewählt. Frischenschlager hat sich gedacht, das ist eine heikle Geschichte, bevor er da irgendeinen Offizier beauftragt, macht er das lieber selbst. Das war ein Fehler. Das hätte man *low-key* machen müssen. Optimal war das natürlich nicht. Aber ein »Staatsempfang für Reder« war es sicher auch nicht.

Den Bundeskanzler hat das damals sichtlich entnervt.

All dies hat zu schlechten Meinungsforschungsergebnissen geführt. Als dann auch noch die Bundespräsidentenwahl verloren ging und Kurt Waldheim gewählt wurde, hat sich Sinowatz gedacht: Ich habe mich ja nicht um diese Funktion gerissen. Ich habe nicht gekämpft darum, Nachfolger von Bruno Kreisky zu werden, sondern Bruno Kreisky hat mich genötigt, dieses Amt zu übernehmen. Ich habe das nach bestem Wissen und Gewissen getan, aber wenn ich jetzt sehen muss, wie sehr die SPÖ unter meinem Vorsitz in der Wählergunst absinkt, dann möchte ich zeitgerecht Konsequenzen ziehen und dieses Amt einem unbelasteten, jüngeren Politiker mit gutem Ruf übergeben. Das war in diesem Fall Franz Vranitzky – zunächst nicht zur Freude Bruno Kreiskys, aber es war eine gute Entscheidung, die dazu beigetragen hat, dass die SPÖ bei der nächsten Wahl stärkste Partei geblieben ist.

Wie lange ist intern diskutiert worden, dass es Vranitzky werden soll?

Sinowatz hat zwischen dem ersten und dem zweiten Wahlgang der Bundespräsidentenwahl bei mehreren Gelegenheiten zu Leopold Gratz, Karl Blecha und mir gesagt: »Freunde, wenn das so ausgeht, wie es jetzt ausschaut, dann nutze ich die Gelegenheit für einen Wechsel. Dann tu ich nicht weiter, dann muss es personelle Veränderungen geben.« Ich nehme natürlich an, er hat das auch mit Vranitzky zeitgerecht so besprochen.

Wieso hat er eigentlich keinen von Ihnen dreien genommen?

Leopold Gratz war selbst ein wenig angeschlagen, gesundheitlich und auch politisch. Karl Blecha war durch Hainburg ins politische Kreuzfeuer gekommen. Und alle drei waren wir Mitglieder der Sinowatz-Regierung. Fred Sinowatz hat sich wohl gedacht: Vranitzky ist ein frisches Gesicht, und er war auch im Verhältnis zu ÖVP-Obmann Alois Mock als Wirtschaftsexperte und Ökonom eine attraktive Alternative.

Kreisky hat dann aus Protest gegen die Nominierung Vranitzkys den Ehrenvorsitz der SPÖ zurückgelegt. Hat Kreisky Vranitzky nicht sehr unrecht getan, wenn man sich den weiteren Verlauf der Geschichte ansieht?

Kreisky schätzte Vranitzky zunächst sicher falsch ein. Er hat Vranitzky, als dieser 1984 Finanzminister wurde, vor allem als einen ehemaligen Mitarbeiter und daher verlängerten Arm von Hannes Androsch gesehen. In der Amtszeit Vranitzkys als Finanzminister ist dann dessen Konflikt mit Hannes Androsch entstanden, und in weiterer Folge – so rekonstruiere ich das aus heutiger Sicht – hat sich das Verhältnis Kreisky / Vranitzky deutlich gebessert. Wobei Kreisky auch anerkannt hat, dass Vranitzky die SPÖ als stärkste Partei stabilisiert hat. Bis zu Kreiskys Tod im Jahr 1990 hatte Vranitzky zwei Wahlen gewonnen, das hat Kreisky beruhigt. Sie haben sich ausgesprochen, und das hat zu gegenseitiger Wertschätzung geführt. Vranitzky hat nach Bruno Kreiskys Tod ja auch den Vorsitz im Kreisky-Forum übernommen.

Vranitzky war kein Quereinsteiger, im Vergleich zu allen anderen aber doch jemand von außen. Er hatte nie eine Funktion in der

SPÖ. Vielleicht ist ihm manches deshalb auch leichter gefallen. Ich denke an den Beginn der Privatisierung der verstaatlichten Industrie und an die Umbenennung der Partei von »sozialistisch« in »sozialdemokratisch«. Das wäre anderen, die direkt aus dem Herz der Partei gekommen sind, wohl ein wenig schwerer gefallen.

Das stimmt, aber Ihre Beispiele betreffen zwei verschiedene Sachen. Was die verstaatlichte Industrie betrifft, war das einfach eine ökonomische Notwendigkeit und unvermeidlich. Da musste schon Ferdinand Lacina, der nun wirklich tief in der SPÖ verwurzelt war, als Verstaatlichten-Minister erste unpopuläre Schritte setzen. Bei der Umbenennung von »Sozialistische Partei« in »Sozialdemokratische Partei« haben Sie recht. Da haben natürlich auch Emotionen mitgespielt. Von mir wäre eine solche Initiative, die »Sozialistische Partei« in »Sozialdemokratische Partei« umzubenennen, wohl nicht gekommen. Heute habe ich kein Problem mehr damit und empfinde das sogar als absolut richtig. Was den Parteinamen betrifft, hatte ich übrigens ein interessantes Erlebnis: Willy Brandt setzte 1986 als Präsident der Sozialistischen Internationale (SI) eine kleine Arbeitsgruppe ein, um eine neue Prinzipienerklärung der Internationale zu erarbeiten, da die alte »Frankfurter Prinzipienerklärung« noch aus den 1950er-Jahren stammte. Er hat mich eingeladen, in dieser Gruppe mitzuarbeiten. Wir waren ein Team von sieben oder acht Leuten, und die Arbeit hat mir große Freude gemacht. Wir haben in regelmäßigen Abständen in Bonn unter dem bedächtigen Vorsitz von Willy Brandt unsere Sitzungen abgehalten, die meist mit einem Mittagessen in einem guten italienischen Restaurant begonnen haben, das Willy Brandt selbst ausgesucht hat. 1989 hat dann der Kongress der Sozialistischen Internationale in Stockholm stattgefunden, wo diese neue Grundsatzerklärung zur Diskussion und Abstimmung auf der Tagesordnung stand. Willy Brandt hat mich beauftragt, als Berichterstatter dem Kongress das Ergebnis unserer Arbeit vorzulegen und den Text zu erläutern. Es hat mich gewundert, dass er das nicht selbst gemacht hat, aber Willy Brandt war sehr großzügig im Delegieren. Also habe ich über unseren neuen Programmentwurf berichtet, und dann ist dieser diskutiert worden. In der Diskussion hat sich dann auch eine italienische Delegierte gemeldet und hat gesagt: »Wir sind mit diesem Programmentwurf sehr einverstanden, wir werden dafür stimmen. Ich habe nur einen Vorschlag: Es heißt hier immer noch ›Programm der Sozialistischen Internationale‹. Ich würde vorschlagen, dass wir das als ›Programm der Sozialdemokratischen Internationale‹ bezeichnen«, dass wir also unseren Namen entsprechend abändern. Ich bin zu Willy Brandt gegangen, der am Präsidiumstisch gesessen ist, und habe gesagt: »Willy, du hast gehört, was jetzt vorgeschlagen wurde. Was ist deine Meinung? Welchen Standpunkt soll ich als Berichterstatter in meinem Schlusswort dazu einnehmen?« Brandt sagte in aller Ruhe mit verschränkten Armen: »Du bist der Berichterstatter, und der Berichterstatter soll selbst entscheiden, wie er Fragen oder Anregungen beantwortet.«

Und was haben Sie getan?

Ich habe gesagt: »Das ist ein sehr interessanter Vorschlag, aber wir haben eine gute lange Tradition als ›Sozialistische

Internationale‹, und es ist während der Programmarbeit von keinem der Mitglieder – auch nicht vom italienischen Vertreter – der Vorschlag auf eine Umbenennung gekommen. Ich fühle mich weder berechtigt noch verpflichtet, diesem Vorschlag beizutreten. Als Berichterstatter schlage ich vor, den Namen nicht zu ändern.« Und seither heißt es weiter: Sozialistische Internationale.

Aber in Österreich hat die Partei in der Ersten Republik, also in den Jahren des Austromarxismus, ja »sozialdemokratisch« geheißen. Warum hatten Sie da Bedenken?

Ich hätte es tatsächlich einfacher gehabt zu sagen: Die größte Partei in der SI ist die Sozialdemokratische Partei Deutschlands, und daher stimme ich diesem Vorschlag der italienischen Freunde zu. Aber dennoch habe ich mich damals anders entschieden. Zeit meines Lebens war für mich »sozialistisch« und »sozialdemokratisch« identisch, es gibt meiner Meinung nach keinen Sozialismus ohne Demokratie. Außerdem habe ich damals noch befürchtet, die Kommunisten könnten verstärkt den Begriff »sozialistisch« für sich in Anspruch nehmen, wenn er von den Sozialdemokraten gewissermaßen freigegeben wird.

Aber beim Parteitag in Wien, als abgestimmt wurde, ob die SPÖ künftig »sozialdemokratisch« heißen soll, haben Sie dafür gestimmt?

Ja, das war fast einstimmig und auch keine Last-Minute-Entscheidung. Außerdem gab es in Österreich keine kommunistische Konkurrenz. Vranitzky wollte der SPÖ wieder ihren alten Namen geben. Aber die Sozialistische Internationale hatte immer schon – auch in der Vorkriegszeit – Sozialistische Internationale geheißen.

Als Franz Vranitzky Bundeskanzler wurde, wurde Jörg Haider FPÖ-Obmann – das war der Auslöser für den Bruch der Koalition. Sie haben Haider aus dem Parlament gekannt. Welchen Eindruck hatten Sie von ihm vor diesem berühmt-berüchtigten Innsbrucker Parteitag im September 1986?

Der junge Haider, den ich in den 1970er-Jahren kennengelernt habe, präsentierte sich als »liberaler Freiheitlicher«, der sich sehr für Sozialpolitik interessiert hat, der auch im sogenannten »Attersee-Kreis« dabei war und dort mit anderen jüngeren und moderneren Freiheitlichen zusammengesessen ist. Er war ein neues Gesicht und ein neuer Akzent in der FPÖ, eine neue Generation. Ich habe ja noch die alten FPÖ-Nationalen gekannt, den Gauredner Emil Van Tongel oder den ehemaligen SS-Obersturmbannführer Klaus Mahnert aus Tirol, ebenfalls Nationalratsabgeordneter der FPÖ. Robert Scheuch, der Großvater der Scheuch-Brüder, die später unter Haider eine Rolle in der Kärntner Politik gespielt haben, saß auch im Nationalrat. Er war NSDAP-Mitglied und Mitbegründer des Verbandes der Unabhängigen (VdU), also der Vorgängerpartei der FPÖ. Nicht zu vergessen Otto Scrinzi aus Kärnten, von dem es schlimme Zitate und Formulierungen gab. Sie alle sind schrittweise abgelöst worden von einer Generation, in der Haider die begabteste und schillerndste Figur war. Er hat dann die Funktion als FPÖ-Landesparteisekretär in Kärnten übernommen, sich sehr rasch den in der Kärntner FPÖ vorherrschenden nationalen Stimmungen angepasst und hat seinen Mentor, Staatssekretär Mario Ferrari-Brunnenfeld, der ihn nach Kärnten geholt hatte, ausgebootet. Der von Haider am Parteitag 1986 gestürzte FPÖ-Obmann Norbert Steger war Koalitionspartner der SPÖ und hatte gehofft, dass er am Parteitag wiedergewählt würde. Haider hat aber sehr geschickt agitiert, war ein guter Redner, und er war unbelastet von der Regierungsverantwortung, die Steger getragen hat.

Aus Sicht Haiders musste wohl etwas geschehen: Die Steger-FPÖ lag in den Umfragen bei drei Prozent.

Sie ist in den Umfragen schlecht gelegen, die Stimmung war nicht gut, und vor der Abstimmung am Parteitag hat Haider Franz Vranitzky angerufen und gesagt, er würde im Fall seiner Wahl ein loyaler Koalitionspartner sein. Er wollte von Vranitzky hören, dass dieser die Koalition mit der FPÖ auch mit ihm, Haider, fortsetzen würde. Diese Zusage hat ihm Vranitzky nicht gegeben, wie er uns sofort danach berichtet hat. Dennoch hat Haider in seinem Kreis den Eindruck erweckt: »Wenn ihr mich wählt, habt ihr einen neuen, frischen, erfolgreichen Obmann, und wir können die Koalition mit den Sozialdemokraten mit neuem Schwung fortführen.« Das war eine Fehleinschätzung, wobei ich bis heute nicht weiß, ob er seine Parteifreunde einfach kaltblütig in die Irre geführt hat oder ob er sich Hoffnungen gemacht hat, dass Vranitzky noch umgestimmt werden könnte. Ich war am Tag des FPÖ-Parteitages auf einer Dienstreise im damaligen Jugoslawien. Bundeskanzler Vranitzky hat mich in Belgrad angerufen und gesagt, er habe in Hinblick auf diese Wendung innerhalb der FPÖ die Absicht, das Parteipräsidium einzuberufen, um die Koalition zu beenden. Er wollte wissen, ob ich das als stellvertretender Parteivorsitzender mittragen könne. Ich habe das bejaht, weil ich die Art, wie Haider in den Jahren vorher Politik gemacht hat, als unseriös, sprunghaft und unberechenbar empfunden habe. Wobei ich hinzufüge, dass Haider im privaten Verkehr auch sehr charmant und sehr gewinnend sein konnte. Aber er war ein Irrlicht, ein rabiater Populist mit einzelnen gedanklichen Assoziationen zum Denken der späten 1930er-Jahre. Ich habe damals meinen Besuch in Belgrad vorzeitig beendet und kann mich an die nun folgenden Beratungen gut erinnern, bei denen nicht alle einer Meinung waren. Leopold Wagner, der Kärntner Landeshauptmann, hat gemeint, es wäre ein Fehler, die FPÖ wegen der Wahl Haiders aus der Regierung zu werfen. Anton Benya war auch zurückhaltend, aber hat sich nicht quergelegt. Und so hat es letzten Endes eine deutliche Entscheidung gegeben, dass man die Koalition nicht fortsetzt und im Herbst Neuwahlen durchführen wird. Ich glaube, dass auch der nicht anwesende Bruno Kreisky mit dem Beschluss keine große Freude hatte, weil das ja eine Koalition war, die er selbst im Jahr 1983 eingefädelt hatte.

Inzwischen gibt es viele rechtspopulistische Parteien und rechtspopulistische Regierungen in Europa. Österreich war ein Vorreiter. Warum?

Vorreiter ist zu viel gesagt, wenn ich an Le Pen in Frankreich oder an den neofaschistischen Movimento Sociale Italiano (MSI) in Italien denke. Aber die Rolle der FPÖ hängt wohl mit unserer Geschichte zusammen, es ist eine Nachwirkung der großen Rolle, die das sogenannte Dritte Lager schon in der Zwischenkriegszeit und in den letzten Jahrzehnten der Monarchie gespielt hat. Zum Zeitpunkt der Konstituierung der provisorischen Nationalversammlung im Oktober 1918 waren die deutschnationalen Abgeordneten aus den deutschen Wahlkreisen der Monarchie, also aus dem Gebiet der heutigen Republik Österreich, plus Südtirol, der heute slowenischen Südsteiermark, aus Böhmen und dem Sudetenland die stärkste Fraktion. Darum war ja der Großdeutsche Franz Dinghofer zunächst Präsident dieser provisorischen Nationalversammlung. Das Dritte Lager ist nach 1918 zwar sukzessive kleiner geworden, ist aber dann wieder gewachsen, wenn man den Aufstieg der Nationalsozialisten diesem Lager zurechnet. Und dass der VdU beim ersten Antreten im Jahr 1949 gleich elf Prozent bekommen hat, ist auch bemerkenswert. Dabei haben sich damals viele gehütet, durch eine Zugehörigkeit zum VdU auf ihre NS-Vergangenheit aufmerksam zu machen, und sind lieber bei der ÖVP oder bei der SPÖ untergeschlüpft. Und gar nicht so wenige hatten vom Nationalsozialismus aufgrund seiner Verbrechen tatsächlich die Nase voll. So paradox es klingt, aber Friedrich Peter, dessen SS-Vergangenheit ein eigenes Kapitel ist, hat die FPÖ in den 1960er- und 1970er-Jahren viel weiter in der Mitte positioniert als der viel jüngere Jörg Haider.

Die Haider-FPÖ hat dann bei den Wahlen 1986 und 1990 vor allem der ÖVP Stimmen weggenommen, aber anschließend begonnen, auch im SPÖ-Teich zu fischen. Haben Sie vorhergesehen, dass das so kommen könnte?

Das kann ich nicht behaupten. Die Sorge vor einem Anwachsen der FPÖ hat zunächst keine große Rolle gespielt. Sie war ja viele Jahre hindurch eine Partei, die bei Nationalratswahlen zwischen fünf und acht Prozent bekam. Uns hat damals vor allem beschäftigt, wie die Sozialdemokratie gleichzeitig zwei Rollen ausfüllen kann: einerseits eine moderate und breit abgestützte Regierungspartei zu sein und andererseits die Rolle einer dynamischen und wirksamen Reformkraft einzunehmen. Was früher ein Gegensatz zwischen Linken und weniger Linken in der SPÖ war, war nun einer zwischen Regierungspragmatikern und Gesellschaftsveränderern. Das hat uns beschäftigt. Dass die FPÖ eines Tages zu einem Drei-Parteien-System aufschließen könnte, und das noch dazu als eine Partei, in deren Reihen schlagende Burschenschafter den Ton angeben, die bestimmte Liederbücher auf ihren Buden liegen haben – das habe ich in dieser Form nicht erwartet.

Als die FPÖ bei den ersten beiden Wahlen unter Haider zugelegt hat, haben Sie einmal in einem Interview gesagt, für diese Partei gebe es eine gläserne Decke, die sie nicht durchbrechen werde. Glauben Sie das immer noch?

Na ja, die letzte Bundespräsidentenwahl war vielleicht ein Indiz für eine »gläserne Decke«. Nur liegt die Decke viel höher, als ich gedacht hatte …

… der FPÖ-Kandidat Norbert Hofer bekam 48 Prozent.

Schon, aber in einer Stichwahl ohne Konkurrenz durch einen schwarzen oder roten Kandidaten und gegen einen grünen Kandidaten, dessen Partei bei den nachfolgenden Nationalratswahlen unter der Vier-Prozent-Hürde blieb. Man kann also sagen, die »gläserne Decke« des grünen Kandidaten war bei der Präsidentenwahl höher als jene des freiheitlichen Kandidaten. Bei der Nationalratswahl 2017 lag die FPÖ zwar unter der 30-Prozent-Marke, aber nur noch knapp hinter der SPÖ. Da gibt es in nächster Zeit viel zu tun.

Inzwischen ist der FPÖ der Einbruch in einst tiefrote Wiener Vorstadtbezirke gelungen. Bestätigt sich da Herbert Marcuses Theorie von anno 1968, der gemeint hat, mit der Arbeiterklasse sei keine Revolution zu machen?

Ein Zyniker hat den boshaften Satz geprägt: »Die größte Leistung von Karl Marx war, der Arbeiterklasse einzureden, sie sei eine revolutionäre Klasse, obwohl sie genau das nicht ist.« Die Arbeiterklasse ist nur unter ganz spezifischen Voraussetzungen eine revolutionäre Klasse, und diese Voraussetzungen sind heute in Europa nirgends gegeben. Was meine Sympathie und meine Achtung für die Arbeiterklasse in keiner Weise schmälert; aber man muss sich bewusst sein, dass es uns gelungen ist, die Arbeiterklasse in unserer Zweiten Republik so weit in die Gesellschaft zu integrieren, dass die Bezeichnung der Arbeiterklasse als revolutionäre Klasse nicht mehr stimmt. Die Arbeiterschaft und die Angestellten sind einander in vielfacher Hinsicht ähnlich geworden und in der Mitte der Gesellschaft angekommen. Das erfordert eine grundlegende Neuorientierung. Es gibt keine Arbeiterklasse als revolutionäre Klasse, aber es gibt soziale Schichten in unserer Gesellschaft, denen es schlecht geht und die man vor der Ausgrenzung schützen muss. Die Arbeiterklasse war um die Wende des 19. zum 20. Jahrhundert von den »Kapitalisten« nicht weiter entfernt als heute die Bezieher von Mindestsicherung von den obersten fünf Prozent der Gesellschaft. Ich finde es besorgniserregend, um nicht zu sagen abstoßend, wie derzeit versucht wird, gegen Menschen in besonders schwierigen Lebensumständen, also gegen Bezieher der Mindestsicherung oder gegen Flüchtlinge, Stimmung zu machen und sich vom Boulevard dafür loben zu lassen. Mindestsicherung heißt Mindestsicherung. Wie will man von einem Minimum noch ein Drittel wegsparen?

»Begrüße doch den XY zuerst!«

Zwischenruf von Peter Kaiser
Landeshauptmann von Kärnten

Heinz Fischer hat mich mein ganzes politisches Leben lang begleitet. Als ich stellvertretender Landesvorstand der Naturfreundejugend war, fungierte Heinz Fischer als Präsident der österreichischen Naturfreunde und wurde von mir in seiner Funktion immer wieder in seinem Wanderoutfit wahrgenommen.

Besonders in Erinnerung geblieben ist mir die Vereinigung von Sozialistischer Jugend (SJ) und Junger Generation (JG) in Kärnten im Jahr 1992 zu einem eigenständigen Verein: SJG, Sozialistische Junge Generation Kärnten. Damals habe ich als junger Landtagsabgeordneter vollmundig angekündigt, dass es eine meiner Aufgaben sein werde, mit traditionellen hierarchischen Politritualen zu brechen. Ich sagte dies und begrüßte zuallererst den damals unsere Veranstaltung aufwertenden Nationalratspräsidenten, Genossen Heinz Fischer. Die Sühne folgte postwendend in Heinz Fischers Grußworten. »Lieber Genosse Kaiser! So umwälzerisch wirst du wohl nicht sein, wenn du schon in der Ankündigung, Rituale zu brechen, postwendend zu einer streng protokollarischen und hierarchischen Begrüßung wechselst. Begrüße doch alle XY aus XY zuerst!«, sagte Fischer mit tadelnd erhobenem Zeigefinger in meine Richtung.

Später habe ich Heinz Fischer als einen Bundespräsidenten der Herzen erlebt, ausgestattet mit väterlicher Weisheit und familiärer Herzlichkeit.

Migration war von Beginn an ein Treibstoff für den österreichischen Rechtspopulismus. Hat die Haider-FPÖ Ende der 1980er-Jahre erst durch den Fall des Eisernen Vorhangs und die einsetzende Durchlässigkeit der Grenzen den nötigen Schub bekommen?

Mit Sicherheit. Die größere Mobilität und die von Haider geschürte Angst vor Flüchtlingen und Fremden hat der FPÖ geholfen. Aber es gab noch einen zweiten Aspekt: Der Fall des Eisernen Vorhangs hat dazu geführt, dass man sich in Europa nicht mehr vor dem Kommunismus fürchten musste. Die Furcht vor dem Kommunismus war nach 1945 deshalb eine Stütze für die Sozialdemokratie, weil man deren Politik, aber auch die der Gewerkschaften und der Sozialpartnerschaft als Faktoren empfunden hat, welche die Kommunisten in Schach halten und soziale Unruhen verhindern. Der Wegfall des Kommunismus als Bedrohung ließ rechten Kräften in Europa gewisse Selbstbeschränkungen überflüssig erscheinen. Sie haben dann viel ungehemmter agiert und sich von Forderungen nach sozialer Gerechtigkeit, nach vernünftiger Einkommensverteilung oder nach Rücksichtnahme auf die sozial Schwächsten immer weniger beeindruckt gezeigt.

Wissen Sie noch, wo Sie an dem Abend des denkwürdigen 11. November 1989 waren, als die Berliner Mauer fiel?

An diesem Abend war ich Referent bei einer Bezirkskonferenz der SPÖ-Meidling in Reichenau an der Rax, und die Entwicklung in Berlin haben wir natürlich am Fernsehschirm mitverfolgt.

Als die Berliner Mauer fiel: War es da für Sie klar, dass das die deutsche Wiedervereinigung ist?

Nicht sofort und nicht kurzfristig. Es ist natürlich das Haupthindernis für die Wiedervereinigung weggefallen, aber die ersten Reaktionen im Westen zum Thema Wiedervereinigung waren – sagen wir – zurückhaltend. Die britische Premierministerin Thatcher hat sinngemäß gesagt: »Ich liebe die Deutschen so sehr, dass mir zwei Deutschlands lieber sind als eines.« Auch die Franzosen waren nicht wirklich glücklich. Unlängst hat mir der frühere deutsche Bundespräsident Horst Köhler in Berlin erzählt, dass der sozialistische spanische Regierungschef Felipe González derjenige war, der als Erster und am entschiedensten die Wiedervereinigung Deutschlands unterstützt hat und daher bei Kanzler Helmut Kohl einen großen Stein im Brett hatte. Die anderen westlichen Verbündeten sind erst sehr mühsam an Land gebracht worden, wobei sich die Amerikaner in einem relativ frühen Stadium überreden ließen zu sagen: »Why not?«

Entscheidend war wohl die Zustimmung von Gorbatschow.

Ja, das ist ein interessantes Kapitel. Für den Fall einer raschen Zustimmung zur Wiedervereinigung wurde den Russen zugesichert, sie müssten keine Sorge haben, dass sich das negativ auf die russische Sicherheit auswirkt oder dass die NATO bis an die Grenzen Russlands vorrücken werde. Das wurde aber nirgends in Form eines internationalen Vertrages mit Brief und Siegel festgehalten. Die Russen sagen aber, dass es genügend Gesprächsprotokolle gibt, die beweisen, dass es Konsens zwischen Moskau sowie Washington, Paris und London gab, dass eine Wiedervereinigung nicht zu strategisch nachteiligen Maßnahmen gegen die Sowjetunion ausgenutzt wird. Im Westen wurde und wird das anders gesehen, und die NATO ist dann nicht nur bis an die Grenzen der alten Sowjetunion vorgerückt, sondern ehemalige Teile der Sowjetunion wie Estland, Lettland und Litauen, die ihre Unabhängigkeit durchsetzen konnten, sind vom sowjetischen Imperium in die NATO übergetreten. Dieser Aspekt in der Befindlichkeit Russlands wird heute vielfach unterschätzt.

Sie schreiben in Ihrem Buch Reflexionen, *Sie hätten Michail Gorbatschow, den Sie sehr hochgeschätzt haben, 1995 zum ersten Mal getroffen, seien aber nicht besonders beeindruckt von ihm gewesen. Warum?*

Ich sehe Gorbatschow bis heute als einen Politiker und Staatsmann, der für die letztlich positive Entwicklung in den 1990er-Jahren unter sehr schwierigen Bedingungen eine entscheidende Rolle gespielt hat. Er wurde zu Recht bewundert und hat den Friedensnobelpreis erhalten. Aber der Gorbatschow des Jahres 1995 wollte nicht über Moskau, Peking, Washington oder den Fall der Berliner Mauer oder über aktuelle Themen der Zeitgeschichte sprechen, sondern vor allem über Umweltschutz. Nun behaupte ich ja nicht, dass Umweltschutz keine wichtige Sache ist. Aber ich habe mir Gorbatschow als einen »Kreisky zum Quadrat« oder einen »Kohl mal Mitterrand« vorgestellt, der alle sensiblen Punkte der Weltpolitik im Kopf hat und Perspektiven sowie Lösungen anbieten wird. Das war nicht der Fall. Man spürte, dass man es nicht mehr mit dem zweitmächtigsten Mann der Welt zu tun hatte, sondern mit jemandem, der seine Macht Stück für Stück verloren hatte und in Russland für seine historische Rolle sogar schwer kritisiert wurde.

Die Persönlichkeiten, die in der ersten Phase der Umwälzung nach 1989 in den jungen Demokratien am Ruder waren – Alexander Dubček, Václav Havel, Lech Wałęsa – waren große Gestalten. Heute sind in diesen Staaten weit weniger faszinierende Politiker an der Macht. Was ist da passiert?

Es ist eine alte Erfahrung, dass Politiker besonders viel Aufmerksamkeit finden, die in einer turbulenten Zeit Verantwortung haben, die riesige Probleme lösen müssen und dabei in sensationeller Weise Erfolg haben oder auf tragische Weise untergehen. Alexander Dubček hat in der Zeit des Prager Frühlings 1968 großen Mut bewiesen; er hat in Moskau Positionen vertreten, die für Breschnew unannehmbar waren. Er hat sein Leben riskiert, niemand konnte sagen, wie das ausgehen wird und ob er wieder lebend aus Moskau zurückkommt. Ich habe Dubček zwanzig Jahre später als einen persönlichen Freund gewonnen. Er war ein interessanter, sehr geradliniger und bescheidener Mensch und hat dennoch Geschichte mitgeschrieben. Ich habe mit ihm und anderen Freunden seinen 70. Geburtstag in Bratislava gefeiert und viele Einblicke in die Zeit des Prager Frühlings bekommen. Leider musste ich wenig später, nach seinem tödlichen Autounfall, auch eine Grabrede für ihn halten. Václav Havel war eine ebenso eindrucksvolle Figur, er war ganz anders als die meisten westlichen Staatspräsidenten. Havel war ein lebendes Beispiel für die Idee Platons, dass die Philosophen Könige sein sollten. Mich hat auch der ungarische Ministerpräsident bis 1988, János Kádár, interessiert. Er ist einen weiten Weg gegangen – ein Mann, der im Auftrag Moskaus 1956 die ungarische Revolution brutal niedergeschlagen und der sowjetischen Hegemonie geopfert hat, der sich dann langsam aus dieser Position herausgearbeitet hat und zu einem Politiker wurde, der von immer mehr Ungarn als jemand gesehen wurde, der sich um das Land bemüht und die Diktatur mildern will: Er war der Erfinder des Gulyás-Kommunismus. Die Gespräche zwischen János Kádár und Bruno Kreisky, die sich recht gut verstanden haben, waren wie die von zwei alten Geschichtslehrern, die ihre Meinungsverschiedenheiten mit großer Höflichkeit und Sachkenntnis besprechen. Das war ganz anders als zum Beispiel die Stimmung und die Themen bei Gesprächen mit den ostdeutschen Staatsfunktionären. János Kádár war viel weniger der »Wir wissen, wo's langgeht!«-Typ. Er hat den Kopf geschüttelt, hat ihn geneigt und hat nachgedacht, mit tiefen Falten im Gesicht. Er war in seinen letzten Lebensjahren ein Mann, der aus der Geschichte offenbar manches dazugelernt hat, aber den Sprung in eine neue Zeit und in das für ihn kalte Wasser der Demokratie – den hat er nicht mehr geschafft.

Der Fall des Eisernen Vorhangs und der Untergang der Sowjetunion haben den Weg Österreichs in die Europäische Union geebnet. Vorher gab es immer Vorbehalte wegen der Neutralität, und Sie waren einer, der sehr lange diese Vorbehalte hatte.

Ich wollte immer – und das gilt bis heute –, dass der Beitritt zur Europäischen Union nicht auf Kosten der Neutralität geht, dass man die Neutralität nicht wie eine alte Krücke über Bord wirft. Neutralitätspolitik war und ist für mich mit Friedenspolitik eng verwandt. Die Entscheidung zwischen Neutralität oder NATO ist mir nie schwergefallen. Und der Beitritt Österreichs zur EU mit einer »modifizierten Neutralitätspolitik« wurde möglich, indem wir den Verfassungstext über die Neutralität mit unserer EU-Mitgliedschaft kompatibel gemacht haben und die EU wiederum Österreich in Kenntnis unserer Neutralität aufgenommen hat. Eine vernünftige Lösung. Das sieht offenbar auch die Mehrheit der österreichischen Bevölkerung so. Wir haben damals ähnliche Auffassungen gehabt wie die Schweden und die Finnen, und es war kein Zufall, dass Österreich, Schweden und Finnland im Sommer 1989, also noch vor dem Fall der Berliner Mauer, das Ansuchen auf Beitrittsverhandlungen mit der EU abgegeben haben. Alle drei Länder waren für die EU nicht unwichtig: prosperierende Länder, stabile Demokratien und Nettozahler. Darum hat auch die Europäische Union einen pragmatischen Standpunkt eingenommen: Wir wurden nicht gezwungen, einer militärischen Allianz beizutreten, und das Neutralitätsgesetz konnte in der vorstehend geschilderten Form in Kraft bleiben.

In der SPÖ-ÖVP-Koalition waren verschiedene außenpolitische Fragen sehr umstritten. Das eine war das Tempo, mit der man sich an die EG, wie die EU damals hieß, annähert. Außenminister Alois Mock wollte das beschleunigen, die SPÖ war eher bedächtig unterwegs. Die Geschichte von hinten gelesen: Hatte Mock nicht recht?

Was die Neutralität betrifft, hatte die ÖVP nicht recht. Und was die Beitrittsverhandlungen betraf, war das Tempo Österreichs nicht schneller, aber auch nicht langsamer als jenes von Schweden oder Finnland. Bei den Regierungsverhandlungen des Jahres 1999 / 2000, aber auch schon bei den Regierungsverhandlungen 1995 wollte die ÖVP aber eine Öffnung Österreichs für eine NATO-Mitgliedschaft. Als die SPÖ das abgelehnt hat, forderte die ÖVP als Rückzugsposition einen Optionenbericht ein, in dem alle Optionen einschließlich eines NATO-Beitritts enthalten sein sollten. Wolfgang Schüssel wollte unbedingt die Tür zur NATO aufmachen, und er war nicht der Einzige. Da ist die SPÖ auf der Bremse gestanden.

Differenzen gab es auch bei der Anerkennung von Slowenien und Kroatien. Mock drängte, die SPÖ bremste. Warum eigentlich?

Bundeskanzler Vranitzky hat damals gemeint, wir müssen da nicht vorpreschen. Das solle organisch wachsen. Es könnte sein, dass der Zerfall Jugoslawiens – die Kehrseite der Anerkennung – große Probleme aufwerfe. Der Zerfall Jugoslawiens hat ja dann wirklich etliche Probleme geschaffen und furchtbar viele Menschenleben gekostet. Ich weiß nicht, ob das vermeidbar gewesen wäre, aber bei der Anerkennung einzelner Nationalstaaten alle Pros und Kontras sorgfältig abzuwägen, kann nicht falsch sein. Ob es die Chance gegeben hätte, Jugoslawien in irgendeiner Weise als Föderation zu erhalten und Blutvergießen zu vermeiden – das werden wir nie erfahren. Aber genau das waren Überlegungen, die in weiten Kreisen der Sozialdemokratie diskutiert wurden.

Sie hätten diese Lösung vorgezogen?

Es gab damals zwei Möglichkeiten: Versucht man das, was den einzelnen Teilstaaten Jugoslawiens gemeinsam ist, unter einem gemeinsamen Dach zu erhalten, oder gibt man den nationalen Strömungen in diesen Ländern Raum. Die Entscheidung ist von den Nationalitäten in Jugoslawien getroffen und von Österreich anerkannt worden. Aber die Überlegung, die Einheit Jugoslawiens in einer demokratischen Föderation aufrechtzuerhalten, war kein Gedanke, für den man sich hätte schämen müssen. Er ist von Slobodan Milošević und Co. zerstört und verunmöglicht worden.

Sie sind 1990 mit 52 Jahren Nationalratspräsident geworden. Bis dahin war das ein Job für in Ehren ergraute Funktionäre. Haben Sie gedacht: »Das bleib ich jetzt, und dann gehe ich halt irgendwann in Pension?«

Meine Vorgänger, allen voran Leopold Figl, Anton Benya und Leopold Gratz, waren erfahrene Politiker. Als ich im Jahr 1990 Nationalratspräsident wurde, habe ich mir gedacht: Wenn ich längere Zeit in dieser Funktion bleiben kann, dann kann ich auch einen bestimmten Stil der Amtsführung entwickeln. Die SPÖ ist dann bei den Wahlen 1994, 1995 und 1999 stärkste Partei geblieben und hatte damit das ungeschriebene Vorschlagsrecht für den Nationalratspräsidenten. Ich hatte eine riesige Freude mit dieser Aufgabe.

Bald nach Ihrer Wahl zum Nationalratspräsidenten hatten Sie eine recht knifflige Entscheidung zu treffen, für die Sie von der FPÖ recht herb kritisiert wurden: Die Zulassung des Liberalen Forums, das sich von der FPÖ abgespalten hatte, als Parlamentsfraktion.

Das war 1993, zweieinhalb Jahre, nachdem ich zum Präsidenten, Robert Lichal zum Zweiten Präsidenten und Heide Schmidt zur Dritten Präsidentin des Nationalrates gewählt worden war. Eines Tages im Februar 1993 hat mich Heide Schmidt früh am Morgen angerufen und dringend um einen Termin gebeten. Sie hat mir mitgeteilt, dass sie mit vier weiteren FPÖ-Abgeordneten einen neuen Parlamentsklub gründen wolle. Sie informiere mich als Nationalratspräsidenten geschäftsordnungskonform über diese Klubgründung. Ein Nationalratsbeschluss dafür war nicht notwendig, weil es sich ja nicht um Abgeordnete verschiedener Parteien handle, aber es bedurfte der Zustimmung des Präsidenten. Ich habe mir also die Geschäftsordnung und insbesondere deren Paragrafen 7 genau angesehen, habe auch den

Zweiten Präsidenten Robert Lichal informiert und mich grundsätzlich positiv zum Wunsch Heide Schmidts geäußert. Das ist dann in der Präsidialsitzung des Nationalrates besprochen worden, und der Klubobmann der FPÖ, Jörg Haider, hat heftig dagegen protestiert und gesagt, ich würde gesetzeswidrig handeln, wenn ich diese Klubgründung akzeptiere. Ich habe daraufhin mehrere Gutachten zu der von mir beabsichtigten Vorgangsweise eingeholt, darunter auch ein Gutachten des Verfassungsdienstes, die meine Rechtsauffassung bestätigten. Haider hat ebenfalls Gutachten präsentiert, insbesondere ein Gutachten von Universitätsprofessor Günther Winkler, der die These aufstellte, Klubgründungen seien nur am Beginn einer Legislaturperiode möglich. Ich musste also eine Entscheidung treffen und entschied nach bestem Wissen und Gewissen so, wie es dem Wortlaut des Paragrafen 7 der Geschäftsordnung und dem Sinn dieser Bestimmung entsprach. In einem Artikel im *Journal für Rechtspolitik* habe ich das auch genau und im Detail begründet. Haider ist zum Verfassungsgerichtshof gegangen, hat dort aber nicht recht bekommen. Später ist die Geschäftsordnung so geändert worden, dass Klubs nur am Beginn einer Gesetzgebungsperiode gegründet werden können. Das war für mich ein nachträglicher Beweis dafür, dass die Klubgründung im Jahr 1993, also vor dieser Geschäftsordnungsreform, eben keiner zeitlichen Begrenzung unterworfen war.

Das Liberale Forum war dann nur sechs Jahre lang im Nationalrat vertreten. Ist Österreich kein guter Boden für eine liberale Partei?

126

Das alte Österreich gegen Ende des 19. Jahrhunderts war ein sehr guter Boden für liberale Bewegungen, aber das hat sich geändert. Schon in der Ersten Republik hat es infolge der starken Polarisierung zwischen Links und Rechts keine erfolgreiche liberale Partei gegeben, und auch in den ersten fünf Jahrzehnten der Zweiten Republik nicht. Heide Schmidt hat dann einen mutigen Anfang gemacht, ihre Partei konnte aber noch nicht dauerhaft Fuß fassen. Die NEOS haben später den Faden wieder aufgenommen, haben in vielen Bereichen das Erbe des Liberalen Forums angetreten und scheinen inzwischen ihren Platz in der politischen Landschaft gefunden zu haben. Ich halte es für wichtig, dass liberale Gedanken und Grundsätze im politischen Spektrum Österreichs vertreten sind, und je mehr Orbán sowie seine Freunde und Nachahmer gegen eine liberale Demokratie wettern, umso wichtiger wird das liberale Element in einer offenen und demokratischen Gesellschaft.

»Eine seiner schwierigsten Entscheidungen«

Zwischenruf von Heide Schmidt
Gründerin des Liberalen Forums

Heinz Fischer ist ein Demokrat. Das würden bei uns zwar fast alle von sich behaupten, wiewohl bei einer letzten wissenschaftlichen Erhebung nur 70 Prozent der Befragten die Demokratie als die beste Regierungsform bezeichnet haben. Wir wollen uns gar nicht ausmalen, mit welchen Vorstellungen sich die restlichen 30 Prozent tragen. Heinz Fischer aber ist ein wirklicher Demokrat – in seiner Denkstruktur und in seinem Gefühlshaushalt. Er weiß, was die Demokratie ausmacht. Wir alle sind von unseren Tätigkeiten geprägt, vornehmlich von den beruflichen. Heinz Fischer hat sich zeitlebens mit dem Zusammenhang von Systemen und individuellen Lebensmöglichkeiten auseinandergesetzt, mit dem Funktionieren von Regelwerken und deren Auswirkungen auf den Menschen. Und er hat aus diesen Erfahrungen sein Weltbild gebaut. Ich kenne niemanden, auf dessen demokratische Reflexe man sich so sehr verlassen kann wie auf seine.

Das alles sollte man wissen, will man die parlamentarischen Ereignisse nach dem 4. Februar 1993 beurteilen, an dem das Liberale Forum gegründet wurde: Ich war damals Stellvertreterin von Jörg Haider, Abgeordnete zum Nationalrat und dessen 3. Präsidentin. Die Politik der FPÖ hatte sich in den letzten ein, zwei Jahren verändert und zugespitzt. Die Partei, die bislang konsequent den Beitritt zur EG vorangetrieben hatte, machte, als er in greifbare Nähe rückte, plötzlich einen Schwenk. Und die Zuwanderung aus anderen Ländern wurde als politisches Mobilisierungsinstrument erkannt und schamlos eingesetzt. Die bereits seit längerem schwelende Entfremdung zwischen der Partei und mir führte zum Bruch. Am 4. Februar 1993 erklärten vier weitere Abgeordnete und ich bei einer Pressekonferenz, dass wir die Partei verlassen und eine neue Partei, das Liberale Forum, gründen und dem Parlament daher künftig als eigener, neuer Klub angehören würden.

Der Medienhype war enorm. Ich hatte – vor allem aus Geheimhaltungsgründen – nur vier Abgeordnete für mein

Vorhaben angesprochen. Die Reaktion der anderen Fraktionen des Hauses war, bis auf die FPÖ, durchgängig positiv. Niemand äußerte Zweifel daran, dass unser Vorgehen durch die Geschäftsordnung des Nationalrates gedeckt sei. Das sollte sich bald ändern.

Heinz Fischer, Präsident des Nationalrates, kam am Tag unserer Pressekonferenz gerade von einer Auslandsdienstreise zurück. Sobald er gelandet war, rief ich ihn an und bat um einen Gesprächstermin. Um als eigenständiger Parlamentsklub mit allen Folgewirkungen anerkannt zu sein, musste er unsere schriftliche Nachricht zur Kenntnis nehmen und die Parlamentsdirektion anweisen, die notwendigen Veranlassungen zu treffen. Einen Fall wie den unseren hatte es noch nie gegeben. Nicht nur, dass das Parlament zum ersten Mal nun aus fünf Parteien bestand, war die Klubbildung während der Legislaturperiode ein Novum.

Heinz Fischer war (und ist) wohl einer der profundesten Kenner der Geschäftsordnung, die Arbeit des Parlamentes stützte sich auf seine Kommentare. Als wir uns nachmittags in seinem Büro trafen, wurde mir erst das Ausmaß der Verantwortung bewusst, die mit seiner Entscheidung verbunden war. Und es war spürbar, dass er diese Verantwortung fühlte. Ich bin Juristin und hatte natürlich die Geschäftsordnung vor unserem Schritt genau studiert. Ich hatte die einschlägigen Bestimmungen auch mit Friedhelm Frischenschlager, ebenfalls Jurist, besprochen, und wir hatten nicht die geringsten Zweifel, dass unsere Klubbildung gesetzeskonform war. Auch Heinz Fischer teilte in einer ersten Reaktion diese Auffassung, behielt sich aber vor, die Angelegenheit über das Wochenende genauer zu studieren, bevor er die Präsidiale befassen wollte.

Die öffentlichen Kommentare zu unserer Parteigründung überschlugen sich, und plötzlich hatten sowohl ÖVP als auch Grüne Bedenken, ob denn so eine Klubbildung mitten in der Gesetzgebungsperiode zulässig sei. Wir waren als politische Konkurrenz erkannt, worauf die üblichen Abwehrreflexe einsetzen. Vor allem die FPÖ empörte sich lautstark über unseren »Mandatsraub«, den wir nun, offenbar mithilfe des Präsidenten, in einen eigenen Klub einbringen wollten. Die erste Präsidialsitzung war von dieser umgeschlagenen Stimmung gekennzeichnet. Auch die SPÖ hatte keine große Freude mit dieser Neuformierung, denn auch ihr galten wir im Zweifelsfall als Konkurrenz. Heinz Fischer schlug daher die Einholung mehrerer Rechtsgutachten vor, nicht ohne seine Rechtsauffassung, zu der er nach reiflicher Überlegung gekommen sei, zum Ausdruck zu bringen: Die Geschäftsordnung stehe einer Klubbildung nicht im Wege. Bis zum Eintreffen der Gutachten gingen die Wogen hoch. Vor allem die FPÖ mobilisierte und schreckte weder vor Verunglimpfungen noch vor Unterstellungen zurück. Ziel waren nicht nur wir Liberale, sondern vor allem Heinz Fischer, von dessen Entscheidung die Klubbildung abhing. Öffentliche Verteidigungen außer von uns selbst gab es kaum. Die Stimmungsmache war beachtlich. Schließlich wurden sieben Rechtsgutachten vorgelegt: Fünf erachteten die Klubbildung als gesetzeskonform, zwei hielten sie für unzulässig. Heinz Fischer war in seiner Rechtsauffassung bestätigt und nahm daher trotz populistischem Gegenwind die Konstituierung unseres Klubs zur Kenntnis; der Weg für unsere politische Arbeit war frei. Fischer selbst hat später seine Entscheidung als eine seiner schwierigsten bezeichnet. Ich glaube dennoch, dass sie ihm nicht schwergefallen ist. Denn es war die Entscheidung für eine Demokratie mit einem Parlament, in dem das freie Mandat mit seinen inhaltlichen und organisatorischen Wirkungen als Prinzip gilt, das allen anderen Regelungen übergeordnet ist. Dass die politische Realität oftmals eine andere ist, ist traurig genug. Aber wenn es darauf ankommt, müssen die Spielregeln halten.

Und deshalb weiß ich: Heinz Fischer ist ein Demokrat und außerdem ein sehr guter Freund.

1999–2004

Ein alter Bekannter wird Kanzler: Wolfgang Schüssel

Fintenreiche Koalitionsverhandlungen und Erinnerungen an die Tage, als man gleichzeitig als Parlamentssekretäre Politik zum Beruf machte.

Wenige Monate nach jener Wahl, in der das Liberale Forum aus dem Nationalrat flog, wurde Wolfgang Schüssel mithilfe Jörg Haiders Bundeskanzler. Sie waren in den 1960er-Jahren gleichzeitig Parlamentsklub-Sekretäre und auch privat einigermaßen gut befreundet. Wie ist es, wenn man sich plötzlich mit jemandem, mit dem man privat ganz gut auskommt, in einer heftigen politischen Gegnerschaft befindet?

Schüssel und ich waren auch in einer politischen »Gegnerschaft«, als er im Parlament ÖVP-Klubsekretär war und ich SPÖ-Klubsekretär. Etwas später war ich Minister und er Oppositionspolitiker. Und wieder etwas später war er ÖVP-Wirtschaftsminister und ich SPÖ-Klubobmann, zuletzt war er Bundeskanzler und ich Bundespräsident. Wir haben immer ein ordentliches, faires Verhältnis ohne Feindschaftsgefühle gehabt, aber wir waren uns bewusst, dass wir auf verschiedenen Seiten in der politischen Arena standen. Ich konnte mit Wolfgang Schüssel ein gutes Gespräch auch in heiklen Dingen führen. Und wenn ich mit ihm irgendetwas besprach oder Varianten überlegte, habe ich das nicht am nächsten Tag und auch nicht zwei Monate später mit einem speziellen Spin in der Zeitung gelesen. Das galt nicht nur für Wolfgang Schüssel, sondern erst recht für Stefan Koren. In gewissen Grenzen hat es auch für Alois Mock gegolten, mit dem ich ebenfalls privat Kontakt hatte, noch mehr übrigens unsere Ehefrauen. Aber zurück zu Wolfgang Schüssel. Auf seinem Weg zum Bundeskanzler einer ÖVP-FPÖ-Regierung im Jahr 2000 hat es schon einige Dinge gegeben, über die ich mich geärgert habe. Aber wenn Schüssel gesagt hat: »Hast du Zeit, etwas zu besprechen?«, dann hat man sich zusammengesetzt. Und wenn ich gesagt habe: »Kommst du vorbei auf einen Kaffee?«, hat das ebenso funktioniert. Schüssel hat dann bei den Bundespräsidentenwahlen 2004 Benita Ferrero-Waldner ins Rennen geschickt, aber als die Wahl entschieden war, war Schüssel weiterhin ein regelmäßiger Besucher und ein guter Gesprächspartner in der Hofburg.

Daran haben nicht einmal die dramatischen Koalitionsverhandlungen 1999/2000 etwas geändert?

Diese Verhandlungen waren – wie schon gesagt – eine schwierige Phase, vor allem die Parallelgespräche der ÖVP mit der FPÖ. Die Wahrheit ist wohl, dass Schüssel unbedingt Bundeskanzler werden wollte und Angst hatte, dass es doch noch eine Klima-Haider-Vereinbarung geben könnte. Darum hat er alles darangesetzt, sich durch Absprachen mit Haider abzusichern.

Schüssel hat 1999 ja gesagt: »Wenn wir nicht zweitstärkste Partei werden ...«

»... gehen wir in Opposition.« Diese sehr dezidierte Ankündigung hat er nicht eingehalten. Klima hat das als Untergriff empfunden.

Aber gehört der Untergriff nicht zum Instrumentarium in der Politik?

Nein, er gehört nicht dazu, auch wenn es immer wieder vorkommt. Es hat auch Schüssels Glaubwürdigkeit nicht genützt. Der Wahrheit zuliebe muss ich aber hinzufügen: Als Schüssels Ankündigung noch Gültigkeit hatte, er gehe in Opposition, wenn er nur Dritter würde, wäre die SPÖ praktisch gezwungen gewesen, eine Regierung mit der FPÖ zu bilden, weil es keinen anderen Koalitionspartner für eine Regierungsmehrheit gegeben hätte. Daher haben auch manche Sozialdemokraten Schüssel zugeredet, er solle sich das mit der Opposition doch noch einmal überlegen. Das hat er auch getan, nur hat er die Regierungsverhandlungen dann so geführt, dass eine Regierung mit der FPÖ herausgekommen ist, und die stärkste Partei, die bereit gewesen wäre, mit ihm zu regieren, wurde in die Opposition gedrängt.

»Oft mit- und oft gegeneinander«

Zwischenruf von Wolfgang Schüssel
Ehemaliger Bundeskanzler

Seit Langem bewegen sich unsere Lebensläufe parallel, oft verschlungen in Koalitionen, dann wieder getrennt in Regierungs-/Oppositionsrolle. Geeint im Öster-Reichtum, differenziert in der Welt-Anschauung, durch europäische Werte verbunden. Kennengelernt haben wir uns in den 1960er-Jahren als Klubsekretäre von SPÖ und ÖVP. Für uns eine spannende parlamentarische Herausforderung, erlebten wir doch die ersten absoluten Mehrheiten der Zweiten Republik (1966–1970 VP-Bundeskanzler Josef Klaus, ab 1970 Bundeskanzler Bruno Kreisky). Es gab damals kein Drehbuch für das neu erwachende Interesse am Parlamentarismus. Gerd Bachers ORF brachte eine nie vorher (und nachher) erlebte Dynamik in den politischen Diskurs. Wir zwei hatten oft mit- und gegeneinander zu diskutieren, auf Podien, in TV- und Rundfunkstudios. Wahrscheinlich müssten wir beide noch schmunzeln, sollten wir heute auf alte ORF-Archivaufnahmen aus dieser Zeit stoßen.

Ich wünsche Heinz Fischer weiterhin einen wachen Geist für die Fragen des Heute und Morgen.

Hintergrund der missglückten Koalitionsverhandlungen war ja die von Franz Vranitzky festgelegte »Ausgrenzungspolitik« gegenüber der FPÖ. War die in der SPÖ wirklich unumstritten?

»Ausgrenzungspolitik« ist, was die FPÖ in Kärnten gegen die Slowenen betrieben hat. Mit jemandem keine Koalition zu bilden, ist per se noch keine Ausgrenzungspolitik. Aber richtig ist, dass es Diskussionen gab, bei denen manche gesagt haben: Kann das nicht eines Tages problematisch werden, wenn wir die ÖVP so demonstrativ als Koalitionspartner präferieren? Aber das waren Minderheitsstimmen, weil sich Haider so aggressiv und so unberechenbar verhalten und seine politischen Gegner ständig angeschüttet hat. Er hat die Gewerkschaften attackiert, der Notenbank international geschadet, er hat versucht, den Verfassungsgerichtshof lächerlich zu machen, und so weiter. Haider hat sich in der SPÖ so unpopulär gemacht, dass damals kaum jemand ernsthaft gesagt hat: »Sollten wir nicht doch die Türe zu Haider aufmachen?« Franz Vranitzky hat es relativ leicht gehabt zu sagen: »Bitte zeigt auf, wenn ihr glaubt, Haider ist ein Koalitionspartner, mit dem wir uns einlassen sollen.« Und es hat niemand aufgezeigt. Aber wenn die eine Partei eine gemeinsame Regierung nicht bilden will und eine zweite Partei als Partner nicht geeignet ist …

… und es keine Mehrheit links der Mitte gibt …

… und es keine Mehrheit links der Mitte gibt, dann kommst du in Schwierigkeiten. Aber, wie gesagt: In der Zeit, als Vranitzky Parteiobmann und Bundeskanzler war, war die FPÖ für die Sozialdemokraten auf Bundesebene kein möglicher Partner. Man hatte außerdem das Gefühl, dass es auch in der ÖVP viele gab, die sagten: »Mein Gott, mit den Roten ist es ziemlich schwer, aber Haider – das kommt gar nicht infrage.« Nach der Wahl 1986 hätte Alois Mock meines Wissens ganz gern Koalitionsverhandlungen mit der FPÖ geführt. Er hat sich aber innerhalb der ÖVP nicht durchgesetzt. Ich glaube, es ist erst in jüngster Zeit so, dass die ÖVP-Spitze die SPÖ als feindliche Partei betrachtet.

Wären Sie eigentlich gern einmal Bundeskanzler geworden?

Nein.

Haben Sie sich nicht übergangen gefühlt, als Vranitzky 1997 Viktor Klima als seinen Nachfolger erkoren hat?

Nein, denn erstens hätte ich dann auf die von mir hochgeschätzte Aufgabe an der Spitze des Nationalrates verzichten müssen, und zweitens war meine Einschätzung, dass ein Bundeskanzler in manchen Fragen Dinge tun muss, die ich nicht tun möchte, und eine Härte haben muss, die ich nicht habe. Sie werden niemanden finden, der sagen kann, ich hätte in noch so vertraulichen Gesprächen irgendwelche Ambitionen auf das Amt des Bundeskanzlers erkennen lassen oder diesbezüglich um Unterstützung geworben. Ich habe immer gewusst, ich würde im Amt des Bundeskanzlers nicht glücklich werden, meine Frau hat das genauso gesehen.

Aber Sie haben doch selbst konfrontative Jobs gehabt. Der Klubobmann im Parlament ist immer der Hauptredner seiner Fraktion in hitzigen Parlamentsdebatten.

Natürlich. Und ich konnte ja auch scharfe Reden in hitzigen Debatten halten. Das war nicht das Problem. Aber ich

wollte nie in einer Situation sein, in der man als Regierungschef weiß: Einer meiner Minister ist angeschlagen und im
Schussfeld der Kritik, und wenn du ein anständiger Bursch
bist, dann verteidigst du ihn; aber wenn du an die Mei-
nungsumfragen denkst und dann die Boulevardzeitungen
liest, dann musst du ihn fallen lassen, um so Ballast abzu-
werfen. Ich behaupte nicht, dass das oft vorkommt, aber es
kann vorkommen.

*Wäre es zum Beispiel für Sie schwer gewesen, 1989 Karl Blecha
aus der Regierung zu entlassen?*

Ganz sicher. Das ist ein gutes Beispiel. Ein Bundeskanzler
muss solche Entscheidungen treffen. Ich wollte mich nicht
freiwillig in eine Situation begeben, die mir dann schlaflose
Nächte bereitet – aus den verschiedensten Gründen.

Vranitzky und Klima hatten diesbezüglich eine dickere Haut?

Das weiß ich nicht. Ich habe mit Vranitzky nie darüber geredet, in welchen Situationen er unglücklich war oder sich sehr
unter Druck gefühlt hat. Und Viktor Klima würde heute sicher »Nein« sagen, könnte er die Entscheidung, ob er Kanzler werden will, noch einmal treffen. Ich habe auch aus nächster Nähe gesehen, wie Fred Sinowatz schon in dem Moment
gelitten hat, als Kreisky auf ihn eingeredet hat, er solle das
Amt des Bundeskanzlers übernehmen. Er hat gesagt: »Nein,
ich will das nicht.« Und als Kreisky immer stärker gedrängt
hat, hat Sinowatz gesagt: »Ich kann das auch nicht so wie
du.« Aber Kreisky hat das vom Tisch gewischt. Das war ein
Fehler. Sinowatz hat sich drängen lassen, das Amt zu über-

nehmen, obwohl er genau spürte, dass er in diesem Amt nicht glücklich wird. Auch seine Frau hat sehr darunter gelitten, und ich bin überzeugt, dass dieser Druck zur schweren Erkrankung von Hermine Sinowatz beigetragen hat.

Das Sinowatz-Schicksal muss für Sie sehr prägend gewesen sein. Wobei es überhaupt leichter zu sein scheint, in hohe politische Positionen zu kommen, als unbeschadet aus der Politik wieder herauszukommen. Teilen Sie diese Einschätzung?

Ich teile sie, und darum habe ich auch keine meiner Karriereentscheidungen zu bereuen, weil es Entscheidungen waren, die es mir letztlich ermöglicht haben, 2016 mit 78 Jahren zu einem Zeitpunkt, der von der Verfassung vorgegeben war, ziemlich unbeschädigt aus der Politik auszusteigen.

Franz Vranitzky hat das auch geschafft.

Das ist richtig. Aber denken Sie nach, ob Sie unter den zwölf Bundeskanzlern, die in der Zweiten Republik seit 1945 aus dem Amt geschieden sind, mit Ausnahme von Vranitzky noch einen zweiten finden, bei dem das so selbstbestimmt, freiwillig und ohne Wahlniederlage über die Bühne gegangen ist.

Die Bildung der schwarz-blauen Regierung 1999/2000 war turbulent, es gab heftige Proteste und Demonstrationen. Retrospektiv: War die Aufregung damals übertrieben?

Es war eine demokratisch legitime Aufregung. Die Regierungsbildung war verfassungskonform und legal. Aber auch die Aufregung darüber war legal und legitim, weil sich die drittstärkste Partei an die Spitze der Regierung gesetzt hat, obwohl vorher der Öffentlichkeit die Zusicherung gegeben wurde, dass man als Dritter in Opposition gehen werde. Und natürlich gab es auch Aufregung über die Politik und Diktion von Jörg Haider, über seine diversen Aussprüche und seine Reden bei Treffen ehemaliger SS-Angehöriger. Die Proteste haben sich im gesetzlichen Rahmen abgespielt, und es ist in Österreich nicht verboten, Unbehagen, Zorn und Enttäuschung im gesetzlichen Rahmen zum Ausdruck zu bringen.

Die anderen EU-Staaten haben damals Sanktionen gegen die neue Bundesregierung verhängt, es gab Kontaktsperren. Im Inland hat das der neuen Regierung eher genützt. Haben Sie die Sanktionen damals begrüßt?

Es waren keine Sanktionen im rechtlichen Sinn. Exponenten der anderen EU-Staaten haben sich abgesprochen, Vertreter Österreichs bilateral nur auf zweiter Ebene, also nicht hoch- und höchstrangig zu empfangen und österreichische Kandidaturen für internationale Funktionen nicht zu unterstützen. Das waren Maßnahmen, die von sozialdemokratischen, christdemokratischen und liberalen Politikern in der EU getroffen wurden, die damit Sorge und Missfallen zum Ausdruck bringen wollten, aber keine Sanktionen im dem Sinn wie etwa die Sanktionen gegen Russland oder den Iran. Österreich konnte in allen Europäischen Gremien weiterhin mitentscheiden. Und diese »Maßnahmen« haben der österreichischen Regierung damals innenpolitisch eher genützt als geschadet.

Erinnerlich ist bis heute das bittere Gesicht von Bundespräsident Thomas Klestil bei der Angelobung der Regierung. Er hat keinen Zweifel daran gelassen, dass ihm eine andere Regierung lieber gewesen wäre. Hat er damals richtig reagiert?

Ich glaube, es ist ihm einfach »passiert«. Seine eisige Miene hat sich tief in das Gedächtnis aller Zuseher eingegraben, ist gewissermaßen erratisch im Raum stehen geblieben, und sie hat einen zornigen und enttäuschten Bundespräsidenten gezeigt. Das hat ihm natürlich nicht gutgetan. Es hätte ihm allerdings auch nicht geholfen, wenn Bilder großer Freude und Fröhlichkeit aus der Präsidentschaftskanzlei um die Welt gegangen wären. Man sieht an diesem Beispiel, wie diffizil manche Situationen in der Politik sein können und wie groß die Macht des Bildes ist. Hätte Klestil das Rad der Zeit zurückdrehen können, hätte er wohl versucht, eine kühle, aber normale Miene aufzusetzen. Seine Emotion war offenbar sehr groß. Und auch der Bundespräsident ist ein Mensch mit Emotionen. Er hat mir oft erzählt, wie stark er sich unter Druck jener Partei gefühlt hat, die ihn seinerzeit für das Amt des Bundespräsidenten vorgeschlagen hatte.

Sie mussten nie eine Regierung mit FPÖ-Mitgliedern angeloben. Was hätten Sie an seiner Stelle getan?

Im Nachhinein ist es immer leichter zu urteilen. Tatsächlich war es ein Faktum, dass Haider plus Schüssel oder Schüssel plus Haider eine Mehrheit im Nationalrat hatten und mit dieser Mehrheit andere Varianten der Regierungsbildung verhindern konnten. Jemand, der behauptet, er hätte an Klestils Stelle eine andere Regierungskonstellation durchgesetzt, argumentiert an der Realität vorbei.

Die neue Regierung ist damals vom Bundeskanzleramt zur An-gelobung in die Präsidentschaftskanzlei durch unterirdische Schleichwege gegangen. Hätte sie sich den Protesten oben stellen sollen?

Ich war nicht vor Ort und habe nur nachher gehört, dass Vertreter der Polizei der Regierung diesen Rat gegeben haben. Wenn eine Regierung von den Sicherheitsorganen den Rat bekommt, eine sichere unterirdische Verbindung zu wählen, kann ich ihr nicht vorwerfen, dass sie diesem Rat gefolgt ist. Hätte sie das nicht getan, hätte es womöglich blutige Köpfe gegeben – auf Seiten der Demonstranten oder auf Seiten der Polizei, wahrscheinlich sogar auf beiden. Und dann hätte sich die Regierung vorwerfen lassen müssen, es mutwillig in Kauf genommen zu haben, dass Leute im Krankenhaus liegen. Dass das schwierig ist, weiß ich. Ich erinnere daran, dass in kleinerem Ausmaß Bruno Kreisky vor einer ähnlichen Situation gestanden ist …

… 1972 vor der Arbeiterkammer in Klagenfurt nach der Entscheidung über das Ortstafelgesetz.

Richtig. Vor der Arbeiterkammer hatten sich zahlreiche aufgebrachte Gegner der zweisprachigen Ortstafeln versammelt, und die Polizei hat Kreisky geraten, einen Hinterausgang zu verwenden. Kreisky hat das damals nicht getan, aber das hätte auch sehr heikle Situationen auslösen können.

Er hat sinngemäß gesagt: »Ein Bundeskanzler geht nicht durch den Hinterausgang.«

Genau! Aber die Situation war im Februar 2000 in Wien sicher dramatischer als 1972 in Klagenfurt. Ich habe das der Regierung Schüssel jedenfalls nie zum Vorwurf gemacht.

In dieser ersten Regierungsphase entstand unter anderem das berühmte Foto von Wolfgang Schüssel mit Jörg Haider in dessen Porsche-Cabrio. Was haben Sie sich gedacht, als Sie das Foto gesehen haben?

Dass das sicher ein Fehler des sonst so instinktsicheren Wolfgang Schüssel ist, allenfalls Ausdruck eines gewissen Übermutes. Wozu setzt sich ein Bundeskanzler als Beifahrer in einen solchen Schlitten, mit Jörg Haider am Steuer?

Lange hat dieser Honeymoon nicht angehalten, 2002 ist es dann in Knittelfeld zur Entmachtung der blauen Regierungsriege gekommen – wie anno 1986 in Innsbruck. Bricht der Rechtspopulismus in der Regierungsverantwortung nach einiger Zeit zwangsläufig auseinander?

Zwangsläufig vielleicht nicht, aber es entstehen mit Sicherheit Spannungen. 1986 beim Innsbrucker Parteitag hat sich die FPÖ in ein Haider-Lager und ein Steger-Lager gespalten; im Jahr 2002 ist die FPÖ in ein Haider-Lager und ein Riess-Passer-Lager zerfallen – das ist die Parallelität. Aber Knittelfeld war eine Sachentscheidung, und am Innsbrucker Parteitag wurde eine Personalentscheidung getroffen. Der zweite Unterschied war, dass Haider in Innsbruck gewonnen hat, während er sich in Knittelfeld mittelfristig eine politische Niederlage eingefangen hat. Und der dritte Unterschied war, dass die FPÖ nach dem Innsbrucker Parteitag sofort aus der Regierung geflogen ist, während nach Knittelfeld die »BZÖ-Freiheitlichen« sehr geschwächt fast vier weitere Jahre mitregiert haben. Parallelitäten sind also da, halten sich aber in Grenzen. Dass sich die FPÖ als Regierungspartei schwertat, hat man sowohl beim Team rund um Steger als auch rund um Riess-Passer gesehen, und es gibt erste Anzeichen dafür, dass sich für die Strache-FPÖ in der gegenwärtigen Konstellation auch Probleme ergeben könnten.

Mit dem Amtsantritt der schwarz-blauen Regierung im Jahr 2000 begann die letzte Phase der Amtszeit von Bundespräsident Klestil, die für ihn keine glückliche war. Waren die dunklen Wolken über seiner Präsidentschaft in der Endphase die Nachwirkungen seiner Krankheit und der Regierungsbildung, oder war das sein Privatleben?

Es war wahrscheinlich die Summe mehrerer Faktoren, wobei jeder einzelne Faktor die anderen verstärkt hat. Klestil hat bei der Regierungsbildung 2000 viel an Substanz verbraucht und sich mit der Partei überworfen, für die er kandidiert hat. Punkt zwei waren gesundheitliche Probleme, die ja dann auch dazu geführt haben, dass er einige Tage vor dem Ende seiner Amtsperiode verstorben ist. Und ein weiteres Problem war, dass er schon in einer relativ frühen Phase seiner Amtszeit seine Ambitionen in Bezug auf die österreichische EU-Politik nicht durchsetzen konnte.

Hatten Sie in all diesen Jahren regelmäßig Kontakt mit ihm?

Ja, ich hatte als Nationalratspräsident mit ihm als Bundespräsident ein sehr gutes Arbeitsverhältnis.

Für Sie hat sich 2002 auch etwas geändert. Die ÖVP war nun stärkste Partei, Sie mussten also das Büro des Ersten Nationalratspräsidenten räumen und das Büro des Zweiten Nationalratspräsidenten beziehen. In Ihr Büro ist dann Andreas Khol eingezogen. Ich stelle mir diese Szene sehr unangenehm vor.

Ich kann nicht sagen, dass das angenehm war, aber Spielregeln muss man akzeptieren, außerdem waren beide Büros sehr schön: Von der Ringstraße aus gesehen war das Präsidentenbüro im Eckzimmer auf der rechten Seite des Parlamentes und das Büro des Zweiten Präsidenten an der anderen Ecke. An den Büroräumlichkeiten ist es also nicht gelegen. Aber wenn man einmal Präsident des Nationalrates war, dann in die Funktion des Zweiten Präsidenten zu wechseln, ist so ähnlich, als wäre man zuerst Minister und dann Staatssekretär im gleichen Ministerium. Ich habe mir das daher auch gut überlegt. Schon ÖVP-Nationalratspräsident Alfred Maleta hatte diese Variante im Jahr 1970 gewählt, als er nach dem Wahlerfolg von Bruno Kreisky in die Funktion des Zweiten Präsidenten wechseln musste. Die Zusammenarbeit mit dem neuen Präsidenten Andreas Khol war aber sehr gut, und ab dem Beginn des Jahres 2004 war ich Kandidat für das Amt des Bundespräsidenten. Die Tatsache, dass die Bundespräsidentenwahl gut ausgegangen ist, war dann viel mehr als nur eine Kompensation für den Verlust der Funktion des Nationalratspräsidenten im Jahr 2002.

Dennoch war es 2002 eine wohl schmerzhafte Rückstufung. Sie wussten damals ja nicht, dass Sie in zwei Jahren Bundespräsident sein werden.

Rückstufung ist vielleicht nicht das richtige Wort, denn ich musste diese Funktion ja nicht annehmen. Es hat für mich drei Möglichkeiten gegeben: Die erste Möglichkeit war zu sagen, ich bin jetzt 64, ich scheide aus der aktiven Politik aus. Die zweite Möglichkeit bestand darin, mich aus der Spitzenpolitik zurückzuziehen, aber noch eine Periode als gewählter einfacher Abgeordneter im Parlament zu bleiben – also eine Art Ehrenrunde zum Abschluss. Und die dritte Möglichkeit war zu sagen: Wenn die SPÖ nicht mehr den Anspruch auf den Präsidenten des Nationalrates hat, sehr wohl aber auf den Zweiten Präsidenten, und bereit ist, mich für dieses Amt vorzuschlagen, dann übernehme ich diese Aufgabe gerne. Ich leugne nicht, dass ich ernsthaft nur über die Möglichkeiten eins und drei nachgedacht habe.

Also Ausscheiden oder Zweiter Präsident?

Ja, ich wollte nicht vom Präsidenten zum Hinterbänkler werden, denn da steht man dann anderen unwillkürlich im Weg. Und es gab ein oder zwei Leute, einer davon war Karl Blecha, die gesagt haben: »Heinz, pass auf, in zwei Jahren braucht die SPÖ einen Kandidaten für das Amt des Bundespräsidenten. Man kann natürlich nicht vorhersehen, wie sich das entwickelt und wer sich da noch berufen fühlen wird. Aber für den Fall der Fälle ist es gescheiter, du bist noch Zweiter Präsident des Nationalrates.« So kam die Entscheidung zustande, die ich dann getroffen habe.

»Es begann mit einem heftigen Briefwechsel«

Zwischenruf von Andreas Khol
ÖVP-Klubobmann, später Nachfolger von Heinz
Fischer als Erster Nationalratspräsident

Es stand nicht in den Sternen geschrieben, dass ich beim Abgang Heinz Fischers als (Erster) Präsident des Nationalrates am 20. Dezember 2002 solch lobende Worte voll der Anerkennung im Plenum des Nationalrates finden sollte:

»Bevor ich jetzt zum Schluss komme, möchte ich die Arbeit von Heinz Fischer würdigen. Er wird uns ja weiter im Präsidium erhalten bleiben, und ich bedanke mich bei ihm, dass er in sehr nobler Weise seine Arbeit fortsetzt – und ich denke, dass ich noch oft seinen Rat brauchen werde. Heinz Fischer, du bist ein großer Präsident des Nationalrates gewesen. Eine umfassende Geschäftsordnungsreform, die uns erst ein modernes Beraten möglich gemacht hat, ist unter deiner Führung entstanden. Du warst und bist ein Meister des Konsenses: auf dem festen Ufer einer überzeugten Sozialdemokratie stehend ... Als ich 1983 in dieses Haus gekommen bin, hat es kein einziges Diskussionsforum gegeben, keine Ausstellung, kein Konzert, kein Theaterstück in den Räumen dieses Hauses gegeben. Heute ist dieses Haus ein Zentrum der politischen, künstlerischen und allgemeinen Diskussionen. Das war die Öffnung des Hauses durch Heinz Fischer! Heinz Fischer war immer ein überzeugter Sozialdemokrat, aber auch ein toleranter Humanist – mit Humor und Witz. Ich glaube, dass der Dank aller Fraktionen hier und heute dir, lieber

Heinz Fischer, ausgesprochen werden soll.« (Allgemeiner Bei-fall ...)

Unsere persönliche Beziehung begann im Jahre 1973 mit einem heftigen Briefwechsel. Es ging um das Amt des Bundespräsidenten (!). In der Wiener Tageszeitung *Die Presse* gab damals deren legendärer Herausgeber Otto Schulmeister Nachwuchshoffnungen die Möglichkeit, ohne Namensnennung »von besonderer Seite« eine ganze große Seite in der Samstagsausgabe zu füllen. Ich, damals junger Sekretär in der Menschenrechtskommission des Europarates, schrieb anonym zum Amtsverständnis des Bundespräsidenten im Hinblick auf die bevorstehenden Wahlen des Nachfolgers von Franz Jonas. Dabei kritisierte ich indirekt, aber recht pointiert das zurückhaltende Amtsverständnis des Bundespräsidenten Jonas und entfaltete die Möglichkeiten eines aktiveren Bundespräsidenten. Heinz Fischer, damals Nationalratsabgeordneter und Klubsekretär im SPÖ-Klub, schrieb mir einen Brief. Er habe gerüchteweise erfahren, ich sei diese »besondere Seite«, die in der Presse diesen »dummen und beleidigenden« Beitrag geschrieben habe. Um Klarheit zu gewinnen, wollte er mich nun fragen, ob dieses Gerücht der Wahrheit entspreche. Ich antwortete ihm sardonisch: »Ich pflege keine dummen und beleidigenden Aufsätze zu schreiben.« Nicht der beste Start einer Arbeitsbeziehung, die sich von meinem Eintritt in den Nationalrat 1983 bis 2016, also über 33 Jahre hin immer intensiver gestalten sollte. Immer ging es um ein Präsidentenamt: erst im Haus am Ring und dann in der Hofburg.

Unsere Wege kreuzten sich wieder im Jahre 1994: Fischer war Präsident des Nationalrates, ich Klubobmann des (kleineren) Regierungspartners der damals noch größeren Koalition. Wir fochten manche Sträuße, vor allem in der Zeit der ÖVP-FPÖ-Regierung. Trotzdem arbeiteten wir aber auch in diesen Jahren eng zusammen. Diese Zusammenarbeit setzte Heinz Fischer auch als Zweiter Nationalratspräsident, also als mein Stellvertreter, fort. Das war nicht selbstverständlich, war er doch führender Exponent einer aus der Regierung gedrängten Oppositionspartei. Wer erinnert sich nicht an die gerade in diesen Jahren aufgeheizte und aggressive Atmosphäre zwischen Regierung und Opposition, nicht nur im Parlament! Das war jene Zeit, in der die SPÖ-Abgeordnete Elisabeth Pittermann in einer Parlamentsdebatte Wolfgang Schüssel mit dem autoritär regierenden Engelbert Dollfuß verglich und der Abgeordnete Johannes Jarolim mich mit dem Ruf »Kholfuß« im Plenum des Nationalrates begrüßte.

Heinz Fischer blieb cool. Er wurde zur Brücke und arbeitete verlässlich auch in der Präsidialkonferenz mit, die er nicht mehr so gestalten konnte, wie er es über acht Jahre als Präsident gewohnt war. Manchmal kam es ihn hart an, schweigend – manchmal mit rotem Kopf vor sichtbarem Ärger – zuschauen zu müssen, wenn der Klubobmann der SPÖ Haltungen einnahm, die er als Jurist oder als Parlamentsstratege nicht teilen konnte und wollte, aber hinnehmen musste, denn Wortführer in der Präsidiale sind die Klubobleute, und der Vorsitzende entscheidet letztlich im Konsens mit ihnen. Er litt sichtlich, aber geduldig – so erhielt er sich eine ideale Position in der Öffentlichkeit, von der aus er später seine Kandidatur zum Bundespräsidenten vorbereiten konnte.

Im Geist unserer bewährten Zusammenarbeit gestalteten wir 2001 gemeinsam die Lupac-Stiftung zur Förderung der Demokratie und zogen die Restitutionsgesetzgebung durch. Besonders wichtig war uns beiden die Gedenkveranstaltung zu den Februar-Ereignissen 1934, die wir konzipierten und leiteten. In seinen einführenden Worten zur Veranstaltung zum Jahre 1934 setzte sich Heinz Fischer mit Alois Mock auseinander, der, gerne Ingeborg Bachmann zitierend, meinte, die Geschichte lehre ständig, fände aber keine Schüler. Fischer teilte diese Meinung nicht, sondern meinte: »Ich glaube, dass wir doch aus der Geschichte lernen. Fast würde ich sagen: ob wir wollen oder nicht, weil die Geschichte das Denken der Menschen unweigerlich beeinflusst.« An derselben Stelle zog Fischer auch eine Lehre aus der Geschichte, der er sehr viel, ich meine überragende Bedeutung beimisst: der Spielregel Verlässlichkeit. In der Tat: Fischer war ein Mann der Spielregeln, ein Mann der Geschäftsordnung. Kritiker meinten, ihm käme es nur auf die Spielregeln, nicht auf die Ergebnisse deren Anwendung an. Damit tut man ihm unrecht. Aber ich bin wenigen begegnet, die so souverän die Spielregeln für politische Ziele einzusetzen verstanden.

Zu seinem 65. Geburtstag 2003 würdigte ich als damaliger Nationalratspräsident den Vorgänger und langjährigen Kollegen als bedeutenden Staatsmann und Demokraten. Worte, die mir später Kummer bereiteten, als ich sie im Wahlkampf um das Amt des Bundespräsidenten im April 2004 in Inseraten in Tageszeitungen lesen musste. Benita Ferrero-Waldner, die von mir unterstützte Gegenkandidatin, konnte das nicht freuen, aber sie war nobel genug, kein Wort darüber zu verlieren. In Revanche gratulierte Heinz Fischer zu meinem 70er in der Zeitschrift *Die Furche* sehr herzlich. Was er über mich dort sagte, und damit verweise ich auf den Ausgangspunkt dieser Skizze, gilt mutatis mutandis auch für ihn selbst: Heinz Fischer ist ein überzeugter und standfester Sozialdemokrat, der in seinem Leben viel lernen konnte! Von 2006, als ich aus dem Nationalrat schied, bis 2016, als ich nach der verlorenen Bundespräsidentenwahl alle meine verbliebenen Ämter zurücklegte, trafen wir uns weiterhin ungefähr alle zwei Monate auf einen Kaffee …

Mit Margit Fischer am Wahlabend 2004: »Es war spannend und es war knapp.«

2004–2016

Die Präsidentenjahre – Heinz Fischer ganz neu

Es begann mit einer Frage in São Paulo: Alfred Gusenbauer machte ein Angebot, wollte aber Michael Häupl entscheiden lassen. Einige Jahre später machte *Krone*-Herausgeber Hans Dichand ein Angebot …

Ab wann stand fest, dass Sie bei der Bundespräsidentenwahl 2004 kandidieren?

Die ersten Diskussionen, ob das nicht eine Variante sein könnte, gab es schon 2002 vor meiner Entscheidung, ob ich im Präsidium des Parlamentes bleibe. Den ersten konkreten und »offiziellen« Akt von Seiten des Parteivorsitzenden der SPÖ, das war damals Alfred Gusenbauer, gab es bei einer Konferenz der Sozialistischen Internationale in São Paulo im Herbst 2003. Gusenbauer sagte: »Würdest du zustimmen, wenn wir dich einladen, die Kandidatur für das Amt des Bundespräsidenten zu übernehmen?«

Und Sie haben gesagt …?

Ich habe gesagt: »Ich kann mir das gut vorstellen, aber ich möchte jedenfalls mit meiner Frau darüber reden.« Daraufhin hat er gesagt: »Bitte, tu das. Und ich habe noch eine zweite Bitte: Rede auch mit dem Wiener Bürgermeister, ob er ebenfalls einverstanden ist.« Ich war ein bisschen überrascht über diesen Wunsch.

Er scheint mit Michael Häupl nicht auf bestem Fuß gestanden zu sein.

Das weiß ich nicht (lacht). Ich erzähle Ihnen Fakten ohne Kommentar.

Margit Fischer und Michael Häupl waren also die ausschlaggebenden Kräfte. Was haben die beiden jeweils gesagt?

Meine Frau Margit ist ein sehr politischer Mensch, und sie hat gesagt: »Ich stehe voll hinter dir, und wir werden das schaffen.« Michael Häupl hat gesagt: »Was sagt deine Frau dazu?« Hab ich gesagt: »Mit ihr hab ich schon geredet, sie ist einverstanden!« Dann hat er gesagt: »Na, dann steh ich auch hinter dir und werde dich voll unterstützen.« Das hat er dann auch eingehalten, und ich habe ihn in den seither vergangenen Jahren mehrere Male an dieses angenehme Gespräch erinnert.

Sind Sie mit Michael Häupl gut ausgekommen?

Ja, ich habe mich gut mit ihm verstanden. Vielleicht auch deshalb, weil ich mich nie in die Wiener Politik eingemischt habe. Kennengelernt habe ich Michael Häupl, als er noch ein VSStÖler war und ich schon Klubobmann. Jedenfalls habe ich großen Respekt für seine Arbeit in Wien. Ich wünsche ihm für seinen neuen Lebensabschnitt alles Gute.

Im Präsidentschafts-Wahlkampf 2004 waren Sie das erste Mal ganz vorne in der ersten Reihe, sonst war das ja der jeweilige Spitzenkandidat …

Richtig. Ich habe zwar bei allen Nationalratswahlen von 1966 bis 2002 kandidiert, aber ich war tatsächlich bei der Bundespräsidentenwahl 2004 das erste Mal Spitzenkandidat bei einer bundesweiten Wahl mit einer entsprechend großen Verantwortung.

Wie war das?

Aufregend! Es war sehr aufregend, es war sehr spannend, und es war ja auch sehr knapp im Jahr 2004. Viele schwierige Entscheidungen waren zu treffen, aber ich möchte diese Zeit auf keinen Fall missen. Ich habe viele Leute erst im Wahlkampf richtig kennengelernt – in Situationen unter Stress, unter Belastung. Mit Leuten, die damals eng dabei waren, habe ich seither eine neue Qualität einer menschlichen Beziehung. Ich habe auch in den Bundesländern viele gute Erfahrungen gemacht. Für mich war die Zeit des Präsidentschaftswahlkampfes 2004 eine herausfordernde Lebensphase mit einem Happy End. Und spannend blieben auch die nachfolgenden zwölf Jahre mit einem zweiten, weniger spannenden Wahlkampf im Jahr 2010, der aber eine Zustimmung von 79 Prozent erbrachte.

Ihr Amtsvorgänger Thomas Klestil hat nie einen Zweifel daran gelassen, dass er lieber Sie als Nachfolger hätte als Ihre Gegenkandidatin Benita Ferrero-Waldner. Warum hat es zwischen den beiden nicht geklappt, sie sind ja aus der gleichen Partei gekommen?

Ich habe das deutlich gespürt. Klestil hat signalisiert, dass er sich freuen würde, wenn ich die Wahl gewinne. Ich glaube, das hatte damit zu tun, dass der ehemalige Diplomat Klestil das Amt des Bundespräsidenten ganz besonders als eine außenpolitische Aufgabe gesehen hat, und nach seiner Wahl hat er sich gedacht: Jetzt bin ich als Bundespräsident die höchste außenpolitische Autorität. Aber Wolfgang Schüssel hat das nicht so gesehen und Außenministerin Benita Ferrero-Waldner auch nicht. Daher hat es zwischen Hofburg und Ballhausplatz in dieser Zeit beträchtliche Spannungen gegeben. Und er hat auch die vorhin erwähnte Regierungsbildung des Jahres 2000 nicht vergessen.

Benita Ferrero-Waldner hat vor nicht allzu langer Zeit ihre Memoiren geschrieben und darin berichtet, wie ihr Kronen Zeitung*-Herausgeber Hans Dichand angeboten hätte, sie zum Wahlsieg zu schreiben, wenn sie sich gegen die Eurofighter ausspräche. Sie hat das natürlich nicht getan. Wurden Ihnen auch solche Angebote gemacht?*

Nicht im Wahlkampf 2004, aber im Wahlkampf 2010. Da hat mich Herr Dichand zum ersten und letzten Mal in der Hofburg besucht. Es ging um den Vertrag von Lissabon, gegen den die *Kronen Zeitung* gerade kampagnisiert hat und über dessen Ratifikation ich zu entscheiden hatte. Dichand hat in diesem Gespräch gesagt: »Wie stehen Sie eigentlich zum Lissabon-Vertrag?« Ich habe ihm meine Auffassung dargelegt, und er hat gesagt: »Also, ich sage Ihnen eines: Wenn Sie sich entschließen könnten, den Argumenten zu folgen, die gegen die Ratifizierung des Lissabon-Vertrages sprechen, müssten Sie sich für den Wahlkampf keine Sorgen mehr machen.« Das war sehr deutlich. Aber ich habe mir ohnehin keine Sorgen gemacht, weil ich mir sicher war, dass die Haltung der *Kronen Zeitung* bei der Präsidentenwahl 2010 kein ausschlaggebender Faktor sein wird.

Hat sich Dichand gerächt?

Ich stand nie in der Gunst der *Kronen Zeitung*. Es ist aber bald darauf eine verdächtig große Zahl von Leserbriefen mit nicht nur negativen, sondern teilweise absurden Inhalten in seinem Blatt erschienen. Einmal ist ein Leserbrief mit der Behauptung erschienen, es werde immer die gesamte Flughafenautobahn gesperrt, wenn Bundespräsident Fischer in einer Kolonne mit sechs Hummer-Fahrzeugen zum Flughafen fährt. Ich bin nie in meinem Leben in einem Auto dieser Marke gesessen, und es ist nie wegen mir eine Autobahn in Österreich gesperrt worden. Ein anderes Mal ist ein ziemlich gehässiger – mit Name und Adresse unterzeichneter – Leserbrief erschienen, und zwei Tage später habe ich von diesem Leserbriefschreiber einen Brief erhalten, in dem er mir mitteilte, dass der Leserbrief nicht von ihm stammt. Aber das kann natürlich auch Zufall gewesen sein.

Zurück zur ersten Wahl. Benita Ferrero-Waldner hatte keinen schlechten Wahlkampf geführt. Hatten Sie manchmal das Gefühl: »Oje, das könnte ich verlieren«?

159

Für mich war die Ausgangslage zunächst unklar, weil es verschiedenste Umfragen gab. Mein Start war zwar etwas reibungsloser und früher als der meiner Gegenkandidatin, aber dann war es lange Zeit ein Kopf-an-Kopf-Rennen. Ich hatte in den meisten Umfragen einen hauchdünnen Vorsprung. Zu Ostern 2004 haben mich Doris Bures und Norbert Darabos – beide damals Bundesgeschäftsführer der SPÖ – angerufen und gesagt, sie müssten dringend mit mir reden. Ich habe die beiden und meine engsten Wahlkampfmitarbeiterinnen und -mitarbeiter auf die Hohe Wand eingeladen, und dort haben sie mir gesagt: »Du, die Kurven schauen derzeit nicht gut aus. Ferrero holt auf, wenn wir da nicht einen starken Endspurt hinlegen, dann könnte das schiefgehen. Die beiden Kurven könnten sich noch vor dem 25. April schneiden.« Da ist mir alles Mögliche durch den Kopf gegangen, und ich habe dann gesagt: »Na gut, sagt mir, wo wir etwas ändern sollten. Ich bin für alles offen. Wir können auch noch das Tempo steigern.« Das Resultat der Beratungen war, dass ich ein wenig kantiger auftreten soll. Das habe ich mir zu Herzen genommen. Wenig später hat mich Jörg Haider eingeladen, als Präsidentschaftskandidat vor einem FPÖ-Publikum und vor den FPÖ-Abgeordneten zu erscheinen und mich ihren Fragen zu stellen. Mein Team hat gemeint: »Heinz, sei offensiv und kantig. Die werden dich zwar nicht wählen, du wirst aber vielleicht andere dadurch mobilisieren.« Ich habe mir also vorgenommen, die mir oft vorgehaltene Verbindlichkeit zu vergessen und Klartext zu reden. Das hat recht gut funktioniert. Aber am Wahltag war ich dennoch nervöser als bei meiner Hochzeit oder bei meiner Promotion ...

Bei der Hochzeit und bei der Promotion konnten Sie davon ausge-
hen, dass es mit einiger Sicherheit klappt.

Richtig. Und es hat auch ein drittes Mal, nämlich bei der
Bundespräsidentenwahl 2004, geklappt. Die Erleichterung
am Wahlabend war riesengroß, aber es hat im Verhältnis zu
Frau Ferrero-Waldner kein zerbrochenes Porzellan gegeben. In den ersten Monaten meiner Bundespräsidentschaft
war sie ja weiterhin Außenministerin und hat mir zum Beispiel angeboten, mich bei meinem ersten Auslandsbesuch
zum damaligen ungarischen Staatspräsidenten zu begleiten. Mir ist es dann bei der Fahrt nach Budapest unangenehm gewesen, dass ich mit meiner Frau vorne im Bundes-
präsidenten-Auto sitze, während die Außenministerin in
ihrem Wagen hinter uns nachfährt. Ich habe sie also eingeladen, nach vorne zu kommen, und wir sind gemeinsam im
Auto gesessen, sodass wir auch gleichzeitig aussteigen
konnten. Die Zusammenarbeit mit Frau Ferrero-Waldner
hat gut funktioniert, und ich habe es auch als sehr verdient
empfunden, dass sie dann Mitglied der Europäischen Kom-
mission wurde.

Sie hatten in diesem Wahlkampf einen Vorteil und einen Nachteil.
Der Nachteil war, dass Sie gegen eine Frau antreten mussten.
Der Vorteil: Sie waren der Kandidat einer Oppositionspartei ge-
gen eine Regierung, die nicht mehr am Höhepunkt ihrer Beliebt-
heit war.

Beides ist richtig. Die Tatsache, dass die SPÖ in Opposition
war, hat mir geholfen. Das war ein leichter Rückenwind.
Und meine Gegenkandidatin hat natürlich das Argument

ausgespielt, dass sie eine Frau ist, und alle haben mir geraten – und das war richtig –, ich solle mich nicht in Diskussionen darüber einlassen, das sollten andere machen. Und so war es auch.

Auch das Leben Ihrer Frau hat sich durch Ihre Wahl maßgeblich geändert. Hat sie leicht in ihre neue Rolle hineingefunden?

Wir haben beide die zwölf Jahre in der Hofburg als eine sehr interessante und anregende, aber auch herausfordernde Phase in unserem Leben empfunden. Es war in Österreich lange Zeit so, dass die Gattinnen von »Staatsfunktionären« eher im Hintergrund blieben. Das hat sich in der jüngeren Vergangenheit geändert und am stärksten wahrscheinlich im Amt des Bundespräsidenten. Zum Beispiel wird bei Staatsbesuchen im Ausland meistens erwartet, dass auch die Frau des Staatsoberhauptes den Besuch mitmacht. Sie hat einen hohen protokollarischen Rang, sitzt bei einem Bankett neben dem gastgebenden Staatsoberhaupt und soll daher eine bestens informierte Gesprächspartnerin sein. Das gilt auch für die sogenannten »Hereinbesuche«, bei denen man selbst Gastgeber ist. Margit hat das meiner Meinung nach und auch nach Meinung unserer Mitarbeiterinnen und Mitarbeiter immer ausgezeichnet, freundlich und ohne Allüren gemacht. Ein bisschen verdutzt habe ich einmal dreingeschaut, als mir ein Teilnehmer an einer Abendgesellschaft eines Tages folgendes »Kompliment« gemacht hat: Er kam auf mich zu und sagte: »Herr Bundespräsident, ich wollte Ihnen schon lange sagen, dass ich Sie bei der letzten Bundespräsidentenwahl gewählt habe« – kurze Pause – »und zwar wegen Ihrer Frau.«

Ich musste herzlich lachen, aber sie hat sich dieses Kompliment verdient, denn wir haben wirklich als Team gearbeitet, und das hat alles leichter, angenehmer und lockerer gemacht.

Jetzt waren Sie also Bundespräsident. In einem Ihrer Bücher haben sie geschrieben, Sie seien 1963 als junger Klubsekretär zum ersten Mal in der Präsidentschaftskanzlei gewesen, bei Bundespräsident Adolf Schärf. Die Räumlichkeiten in der Hofburg sind ja sehr eindrucksvoll. Waren Sie damals eingeschüchtert?

Wahrscheinlich. Es ist das repräsentativste und historisch eindrucksvollste Büro in ganz Österreich, kein Zweifel. Man betritt es, nachdem man im ersten Stock der Hofburg eine lange, prunkvolle Zimmerflucht mit wertvollen Objekten und Kunstgegenständen durchschritten und das Schlafzimmer Maria Theresias erreicht hat und tritt dann in das Arbeitszimmer von Kaiser Joseph II. ein – heute das Amtszimmer des Bundespräsidenten. Man weiß, welche historischen Entscheidungen dort getroffen wurden. Man hat das Gefühl, dass einem die Geschichte dauernd über die Schulter schaut. Schön war etwa die Szene, als mich einmal Otto Habsburg in der Präsidentschaftskanzlei besucht hat. So, wie man zum ersten Mal die neue Wohnung eines guten Freundes betritt, hat er sich langsam und sorgfältig in Maria Theresias Zimmer umgesehen und hat dann freundlich gesagt: »Schön haben Sie's da, Herr Doktor Fischer.«

Adolf Schärf hat, kurz nachdem er Bundespräsident wurde, geschrieben: »Das ist ein sehr schönes Amt, aber hier in der Hofburg, diese Einsamkeit!« Haben Sie die auch verspürt?

Überhaupt nicht. Ich kenne dieses Zitat, aber ich kann es nicht verstehen, weil von Einsamkeit dort keine Rede sein kann. Vielleicht war Schärf zu sehr ein republikanischer Monarch, an den sich niemand herangetraut hat, aber die Amtsausübung hat sich grundlegend verändert. Ich habe mich in der Hofburg jedenfalls nicht eine Sekunde einsam gefühlt. Im Gegenteil: Es war immer viel los, viele Besuche und Aktivitäten, und der Bundespräsident ist wahrscheinlich die einzige Person, die praktisch sicher sein kann, dass alle, die er in höflicher Form zu einem Gespräch einlädt, dieser Einladung auch Folge leisten werden – nicht nur Präsidenten und Regierungsmitglieder. Ich habe auch viele Schriftsteller, Journalisten, Schulkollegen, Künstler, Autoren, Wissenschaftler und Sportler eingeladen, zum Beispiel den Sieger des Wien-Marathons, den Äthiopier Haile Gebrselassie. Er hat mir auf dem langen roten Teppich der Präsidentschaftskanzlei seine Lauftechnik erklärt und vorgeführt.

US-Präsident Bill Clinton ist mit dem Sieger des New-York-Marathons joggen gegangen.

Dazu hat es bei mir nicht gereicht, aber ich bin dafür mit der österreichischen Olympia-Silbermedaillen-Gewinnerin über 800 Meter, Steffi Graf, im Prater joggen gewesen.

Bill Clinton hat zum Marathon-Sieger angeblich gesagt: »Wenn Sie mit mir joggen gehen, erwarte ich nicht, dass Sie schwitzen, aber es wäre nett, wenn Sie wenigstens atmen.«

Also, »mein« äthiopischer Marathon-Sieger Haile Gebrselassie war ein sympathischer Weltklasse-Sportler, den ich in bester Erinnerung habe. Ich hatte ihm bei seinem ersten Besuch als Erinnerung einen Maria-Theresien-Taler geschenkt. Ein Jahr später hat er in Wien wieder gewonnen, hat mich auch wieder besucht und zu mir gesagt: »Ich habe Ihren Taler meinem Vater geschenkt. Und Sie glauben gar nicht, was ich dem für eine Freude damit gemacht habe.«

In Äthiopien war der Maria-Theresien-Taler bis in die 1930er-Jahre offizielles Zahlungsmittel.

Ein höchst wertvolles Zahlungsmittel sogar. Darum hat Haile so geschwärmt, als er erzählt hat, wie er seinem Vater in Addis Abeba diesen Maria-Theresien-Taler überreicht hat. Er hat dann noch einen zweiten bekommen.

Das sind die sonnigen Seiten dieses Amtes. Die nicht so sonnigen Seiten sind wohl jene, wo man die Grenzen seiner Macht erkennen muss. Und die Grenzen der Macht des Bundespräsidenten sind dort, wo die Macht des Parlamentes beginnt.

Das stimmt nicht ganz. Die Grenzen aller Staatsorgane – auch des Bundespräsidenten und des Parlamentes – sind dort, wo die Verfassung Grenzen setzt. Daher setzt der Bundespräsident der Macht von Parlament und Regierung Grenzen, und Parlament und Regierung setzen der Macht des Bundespräsidenten Grenzen. Und das ist gut so. Macht per se ist für mich nicht etwas, das mir zu meinem Glück fehlt. Ich messe die Frage, ob eine Funktion für mich erstrebenswert ist, unter Garantie nicht primär daran, wie mächtig sie ist. Ich habe auch nicht unter Machtverlust gelitten, als ich 2016 aus dem Amt geschieden bin. Es war eine wunderschöne Aufgabe, und wenn es noch zwei Jahre weitergegangen wäre, hätte ich nichts dagegen gehabt. Aber es ist nicht so, dass ich gedacht habe: Als Bundespräsident hat man Einfluss. Jetzt bin ich es nicht mehr, und darunter leide ich. Das ist nicht der Fall.

Außerdem ist der größte Teil dieser »Macht« dem Bundespräsidenten ja erst durch die Verfassungsnovelle von 1929 zugeteilt worden, die unter dem Druck der Heimwehren zustande gekommen ist. Elf Jahre nach dem Ende der Monarchie ist da ein Ersatzkaiser konstruiert worden, der mehr Macht auf Kosten des Parlamentes bekam. War nicht das Konstrukt des Bundespräsidenten von 1920 sinnvoller?

Aus heutiger Sicht sicher nicht. Das Amt des Bundespräsidenten ist erstmals in der Kelsen-Verfassung vom 1. Oktober 1920 ausformuliert worden. Das war ein relativ schwacher Bundespräsident, der vor allem repräsentative Funktionen hatte und von dem keine Gefahr in Richtung einer Restauration der Monarchie ausgehen sollte. In Österreich hatte vor allem die Sozialdemokratie Angst, dass durch das Amt des Bundespräsidenten ein Trittbrett für eine Restauration gebaut werden könnte. Im 19. Jahrhundert hat es ja Beispiele gegeben, wo Verfassungen geschaffen wurden, die einem Herrscherhaus die Möglichkeit gegeben haben, sich wieder eine Krone aufzusetzen …

… zum Beispiel Napoleon III. in Frankreich.

Daher könnte man ruhig sagen: Eine etwas stärkere Stellung des Bundespräsidenten wäre in der Ersten Republik

166

von Beginn an nützlich gewesen. Die Stärkung des Bundespräsidenten ist dann im Jahr 1929 aber nicht erfolgt, um das demokratische System zu verbessern und funktionstüchtiger zu machen, sondern im Gegenteil, um dem »zügellosen Parlamentarismus«, wie die Heimwehren das damals genannt haben, Grenzen zu setzen, also um den »westlichen Parlamentarismus« zu schwächen. In diese Richtung haben die Heimwehren den christlichsozialen Bundeskanzler Ignaz Seipel und in weiterer Folge Bundeskanzler Schober gedrängt, und die haben sich gerne drängen lassen, aber eben nicht so weit, wie sich das die Heimwehren gewünscht haben. Seipel hätte vermutlich nichts dagegen gehabt, für das Amt eines gestärkten Bundespräsidenten zu kandidieren, aber er ist bald darauf verstorben. Die Sozialdemokraten haben bei der Stärkung des Bundespräsidenten gebremst, hatten aber Angst, dass bei einer kompromisslosen Ablehnung der Verfassungsnovelle versucht werden könnte, sie mit Gewalt durchzusetzen, dass es also zu einem Putschversuch von rechts kommt. Zwei Jahre später hat es ja tatsächlich einen Putschversuch der steirischen Heimwehr gegeben, den schon am Semmering gescheiterten Pfrimer-Putsch. Aber die giftigsten Giftzähne sind dieser Verfassungsnovelle 1929 gezogen worden, viele Rechte des Bundespräsidenten sind an einen Antrag der Bundesregierung geknüpft worden. Andere von der Bürgerblock-Regierung geplante Rechte des Bundespräsidenten wurden eingeschränkt, die Auflösung des Nationalrates musste mit einer Begründung versehen werden und hatte einen Antrag der Regierung zur Voraussetzung, und eine Schwächung der Gemeinde Wien konnte abgewehrt werden. Dieser Kompromiss war das Minimum dessen, was Seipel und seine Freunde wollten, und das Maximum dessen, was die Sozialdemokraten zugestehen konnten. 1945 sind dann ÖVP und SPÖ vor der Frage gestanden, ob die republikanische Verfassung in der Form des Jahres 1920 oder in der Fassung des Jahres 1929 wieder in Kraft gesetzt werden soll. Manche in der Sozialdemokratie wollten zurück zur Verfassung von 1920. Aber es hat sich der Standpunkt durchgesetzt – und der ist auch von Karl Renner unterstützt worden –, die Bundesverfassung in der Form von 1929 wieder einzusetzen. Das hat sich als richtig erwiesen. Es hat in der Zweiten Republik keinen Moment gegeben, in dem ich gesagt hätte: Vielleicht wäre es doch gescheiter gewesen, wieder den schwächeren Bundespräsidenten des Jahres 1920 in die Verfassung zu schreiben. Die österreichische Bundesverfassung von 1929 ist fast hundert Jahre alt, sie zählt nicht zu den modernsten Verfassungen, aber sie ist eine gute, solide und praktikable Verfassung, auf die ich meinen Amtseid gerne und mit gutem Gefühl abgelegt habe. Und auch die Konstruktion, wie das Amt des Bundespräsidenten in das österreichische Verfassungssystem eingebaut ist, ist sehr vernünftig.

Besser als in Deutschland, wo die Bundesversammlung den Präsidenten wählt?

Viel besser. Ich bin ein entschiedener Anhänger der Volkswahl des Bundespräsidenten und weiß, dass deutsche Bundespräsidenten mit Interesse auf diesen Teil der österreichischen Bundesverfassung schauen. Die Volkswahl des Bundespräsidenten in Österreich abzuschaffen, wäre ein großer Fehler. Aber es gibt ohnehin niemanden, der das will.

*Der jetzige Bundespräsident Alexander van der Bellen hat vorge-
schlagen, das Amt ein wenig zu entrümpeln. Es sollte weniger
Ernennungs- oder Bestellungsurkunden geben, die vom Bundespräsidenten gegengezeichnet werden müssen. Klingt vernünftig.*

Wenn man sich die Usancen und die Amtsführung zu Zeiten von Renner und Körner ansieht und das mit heute ver-
gleicht, dann sieht man, wie viel sich seither geändert hat.
Und jeder Bundespräsident hat dazu seinen – größeren
oder kleineren – Beitrag geleistet. Auch in meinen zwölf
Jahren in der Hofburg hat sich eine Menge verändert, und
so wird es auch unter meinen Nachfolgern weitere Veränderungen geben müssen. Tatsächlich haben wir im Kreis
von Mitarbeitern in der Präsidentschaftskanzlei auch diskutiert, ob man sich nicht etliche Unterschriften des Bundespräsidenten bei Ernennungsurkunden für Lehrer oder
Beamte niedrigerer Dienstränge ersparen könnte. Man
gab mir die Antwort: »Ja, sicher können wir das abschaf-
fen. Aber Sie wissen, es gibt Tausende Lehrpersonen und
Tausende Beamte, für die eine vom Bundespräsident un-
terschriebene Ernennungsurkunde oder Auszeichnung
eine der schönsten Erinnerungen an ihre Amtszeit ist.
Wenn Sie ihnen das wegnehmen wollen, um sich diese
Unterschriften zu ersparen – bitte, es ist eine Verwaltungs-
ersparnis. Aber die Medaille hat zwei Seiten.« Daraufhin
habe ich die Finger davongelassen, weil mich das überzeugt hat. Es geht ja hier nicht um einen kostspieligen Verwaltungsaufwand, sondern darum, ob man auch Mitarbeitern, die nicht in einer hohen Dienstklasse sind, Respekt
erweist, indem man ein Dekret persönlich unterschreibt.
Die 30 Sekunden, die man sich mit dieser Unterschrift er-

spart, wiegen weniger als die Freude, die der Empfänger einer solchen Urkunde hat.

Sie sind selbst ein Verfassungsjurist, haben aber trotzdem dem früheren Verfassungsgerichtshof-Präsidenten Ludwig Adamovich ein Büro in der Präsidentschaftskanzlei eingerichtet. Gibt es an der Staatsspitze wirklich so knifflige Fragen, dass es zwei Kapazunder braucht?

Im Verfassungsgerichtshof gibt es 14 »Kapazunder« und noch viele Experten zusätzlich. Es ist doch eine Tatsache, dass man manche Dinge im Dialog viel besser beurteilen kann, als wenn man alleine vor einem Akt sitzt. Nach einem Gespräch mit Präsident Adamovich und Ministerialrat Frölichsthal, ob ich zum Beispiel ein Gesetz mit einer rückwirkenden Strafbestimmung unterschreiben soll oder nicht – wozu in der Literatur unterschiedliche Meinungen geäußert werden –, steht man auf viel sichererem Grund, als wenn man allein überlegt. Und der Bundespräsident sollte sich Fehler in der rechtlichen Beurteilung eines Sachverhaltes, über den er zu entscheiden hat, nach Möglichkeit nicht leisten. Nach meiner Erinnerung ist in den zwölf Jahren meiner Amtszeit nie eine rechtliche Entscheidung des Bundespräsidenten »danebengegangen«. Ich darf hinzufügen, dass die Mitarbeit des ehemaligen Präsidenten des Verfassungsgerichtshofes mit höchstem Ansehen in Juristenkreisen zusätzlich auch eine »psychologische Wirkung« hat. Sein hohes Prestige vergrößert den Vertrauensbonus, den die Präsidentschaftskanzlei erfreulicherweise genießt.

Sie haben sich in Ihrer Amtszeit oft auch auf Entscheidungen oder auf Handlungen Ihres Vor-Vor-Vorgängers Rudolf Kirchschläger bezogen. Warum gerade auf ihn?

Weil er ein guter Präsident, ein qualifizierter Richter und ein ausgezeichneter Diplomat war und im juristischen Bereich ebenso Praxis hatte wie in der Diplomatie. Ich habe mich auch persönlich mit ihm sehr gut verstanden. Ich war 1974 an seinem Wahlkampf beteiligt und habe ihn auf Wahlreisen begleitet, dann war er zwölf Jahre Bundespräsident, und auch nach dem Ende seiner Amtszeit sind wir in freundschaftlicher Verbindung geblieben.

Er kam von der ÖVP.

Erstens: Na und? Zweitens: Er war irgendwann in jungen Jahren in Niederösterreich einmal beim ÖAAB, wie kurz vor seiner Wahl genüsslich »enthüllt« wurde; aber er war vor allem ein Musterbeispiel eines unabhängig denkenden und um Objektivität bemühten Menschen und Juristen. Ich habe unlängst seinen Sohn Walter getroffen und mich daran erinnert, dass Kirchschläger der erste Bundespräsident der Zweiten Republik war, der nicht im Amt verstorben ist. Als Kirchschlägers Amtszeit zu Ende gegangen ist, gab es keinerlei Vorkehrungen für die »Zeit danach«. Wie behandelt man einen ehemaligen Bundespräsidenten? Ich habe damals in der Präsidialkonferenz des Nationalrates gemeint, wir sollten den Rat und die guten internationalen Kontakte des ehemaligen Bundespräsidenten Kirchschläger nützen. Vielleicht sollten wir ihm im Parlament ein Arbeitszimmer einrichten, damit er dort arbeiten, Gäste empfangen und seine Korrespondenz fortführen kann. Dafür gibt es ja in anderen Demokratien zahlreiche Beispiele. Sogar die FPÖ war damals einverstanden. Aber dann hat es doch Querelen zwischen den Regierungsparteien gegeben, die auch in die Medien getragen wurden. Kirchschläger hat daraufhin abgewunken, und seine Wohnung im 18. Bezirk war dann ein »Kirchschläger-Archiv«. Die großen Aktenstöße aus seinem Privatarchiv waren unübersehbar. Die Republik Österreich hat sich bei der Lösung dieses Problems keine Lorbeeren erworben.

Sie sind als Bundespräsident viel gereist. Erinnere ich mich richtig, dass Sie früher Flugangst hatten?

Nicht wirklich Flugangst. Aber ich kann mich an meine zweite Flugreise über den Atlantik erinnern, das war 1967 nach Boston. Da war die Landung unangenehm, mit noch einmal Durchstarten. Das waren bange Sekunden oder Minuten. Und einmal bei einem heftigen nächtlichen Tropengewitter in Afrika, über der Elfenbeinküste, das war sehr zum Fürchten. Aber ich hatte keine permanente Flugangst.

Neu für Sie in der Funktion des Bundespräsidenten war der Besuch des Opernballes. Ich nehme an, dass Sie vorher nie dort waren.

Nein, ich war vor Amtsantritt als Bundespräsident nie auf einem Opernball, und seit Ende meiner Amtszeit auch nicht, und dabei wird's wahrscheinlich bleiben. Aber in den zwölf Jahren als Bundespräsident war ich jedes Mal am Opernball, und der ist schon ein eindrucksvolles Ereignis. Auch meine ausländischen Gäste waren immer sehr beeindruckt und haben sich meist sehr gut unterhalten. Ich habe aber nie auch nur einen Schritt getanzt in diesen zwölf Jahren.

Das verbindet Sie mit Bruno Kreisky, der ist nach eigenen Angaben als junger Mann bei Damenwahl immer »aufs Häusl« geflüchtet.

So weit ging das bei mir nicht. Ich habe mich weder bei heiklen Abstimmungen im Parteivorstand noch bei einer Damenwahl je »aufs Häusl« geflüchtet. Aber Kreisky hat einmal gesagt: Es ist die Rache der Geschichte, dass die jungen Revolutionäre später mit Frack und Orden am Opernball auftreten. Und da ist was dran.

Er war jedenfalls kein Dancing Star. Die Präsidentenloge ist am Opernball eine Art Durchhaus, vor dem lange Schlangen von Leuten stehen, die dem Bundespräsidenten die Hand schütteln …

… oder ein Foto haben wollen. Das ist manchmal ein bisschen anstrengend. Aber als Bundespräsident den Opernball zu besuchen ist nichts, wofür man bedauert werden muss – es ist ein wirklich schöner und einzigartiger Ball. Aber ich leide auch nicht unter Entzugserscheinungen, seit ich nicht mehr hingehe.

Sie sind ja bekannt dafür, dass Sie in der Regel immer um 22 Uhr nach Hause gegangen sind. Da beginnt der Opernball gerade erst.

Der Opernball war eine Ausnahme. Aber ich habe meistens eine halbe Stunde nach Mitternacht, also nach der Mitternachtsquadrille, um einige Paar Würstel mit viel Kren und einige Gläser Bier gebeten, und die habe ich dann mit meinen Mitarbeiterinnen und Mitarbeitern vergnügt konsumiert. Nach dem zweiten oder dritten Mal ist das schon zur fixen Regel geworden.

Was für einen Bundespräsidenten weniger lustig ist, sind schwerwiegende Entscheidungen, wie zum Beispiel eine Regierungsbildung. Ihre erste im Jahr 2006 war gleich ziemlich diffizil. Alfred Gusenbauer hat den Auftrag zur Regierungsbildung bekommen, und die Verhandlungen mit der ÖVP waren hart und sperrig. Und zwar so sperrig, dass Gusenbauer an eine Minderheitsregierung dachte. Die ließen Sie nicht zu. Warum?

Der Bundespräsident spielt bei der Bildung einer Bundesregierung zweifellos eine wichtige Rolle; er muss dabei aber die Mehrheitsverhältnisse im Parlament und die Einstellung der politischen Parteien zum Thema Regierungsbildung berücksichtigen. Umgekehrt müssen auch die Parteien auf die Meinungen und Überlegungen des Bundespräsidenten Rücksicht nehmen. Nach den sechs Jahren Koalition zwischen ÖVP und FPÖ/BZÖ von 2000 bis 2006 war das Klima zwischen Kanzler Schüssel und Oppositions-Obmann Gusenbauer nicht das allerbeste, und das Wahlresultat war auch nicht so erwartet worden. Dann kann der Punkt kommen, dass sich eine Partei zunächst unsichtbare rote Linien setzt, und auch die andere setzt sich rote Linien. Wenn der Abstand zwischen den beiden roten Linien zu groß ist, dann ist es schwer, einen Konsens zu finden, und die Versuchung wird groß, Druck dadurch zu erzeugen, dass man andere Varianten ins Spiel bringt. Das war auch 2006 so, als es eng geworden ist. Es wurden andere Varianten wie zum Beispiel eine Minderheitsregierung ins Spiel gebracht, nicht zuletzt von den Medien …

… und von Alfred Gusenbauer …

Von wem auch immer. Dann muss man als Bundespräsident Position beziehen, damit sich ein solcher Gedanke nicht verselbstständigt. Es war nicht so, dass in der SPÖ schon eine Entscheidung in Richtung Minderheitsregierung gefallen wäre. Aber sie ist ins Blickfeld gerückt, und ich war der Meinung, dass die Versuche, eine Zusammenarbeit der beiden größten Parteien zustande zu bringen, noch nicht mit der nötigen Anstrengung unternommen worden war. Da gab es noch ein bisschen Luft nach oben und Möglichkeiten, die beiden roten Linien, also die rote und die schwarze Linie, näher zusammenzubringen. Das ist letztlich auch gelungen.

War Gusenbauer enttäuscht, dass er die Minderheitsregierung nicht bekommen hat?

Mir gegenüber hat er das nicht erkennen lassen und auch nicht konkret verlangt.

Diese Regierung ist unter keinem guten Stern gestanden und hat nicht lange gehalten. Wer war daran schuld: Gusenbauer oder die ÖVP?

Sicher nicht einer alleine. Der Start der Regierung war schlecht. Gusenbauer war durch den Vorwurf belastet, er habe nicht hart und erfolgreich genug verhandelt. Man

warf ihm vor, er habe Wolfgang Schüssel zu große Zuge-
ständnisse gemacht. Und wenn man dieses Image einmal
umgehängt bekommt, dann tut man sich im Regierungs-
alltag bei jedem weiteren Entgegenkommen schwer. Eine
Koalitionsregierung erfordert aber Konzessionen, sie lebt
davon, dass zwei unterschiedliche Parteien an Kompromis-
sen und gemeinsamen Lösungen arbeiten. Auf ÖVP-Seite
hat sich Wolfgang Schüssel ins Parlament zurückgezogen,
und sein Nachfolger Wilhelm Molterer wollte beweisen,
dass er in Bezug auf Verhandlungsgeschick und Verhand-
lungsstärke nicht hinter seinem Vorgänger Schüssel zu-
rücksteht. Also beide, Gusenbauer und Molterer, hatten
nur wenig Handlungsspielraum, und sie konnten dadurch
etliche Probleme nicht lösen. Dann hat Molterer mit den
berühmten Worten »Es reicht!« die Reißleine gezogen.

*Und damit war auch Gusenbauer weg. Am Ende seiner Amtszeit
ist es zu einem etwas merkwürdigen Vorgang gekommen: Er und
sein späterer Nachfolger Werner Faymann haben einen Brief an
Krone-Herausgeber Dichand geschrieben und ihm Volksbefra-
gungen zu EU-Vertragsänderungen zugesichert. Hat man Sie
davon vorher informiert?*

Nein, dieser Brief war mit mir nicht abgesprochen. Ich war
bass erstaunt und habe darüber nachgedacht, ob ich das
als Bundespräsident einfach ignorieren soll. Ich habe mich
dann in einer Art und Weise dazu geäußert, die zu Recht
als Kritik an diesem Schritt betrachtet wurde.

*Die Austria Presseagentur schrieb damals nach einem Gespräch
mit Ihnen: »Ein Brief an den Herausgeber einer Tageszeitung sei*

für ihn als Bundespräsidenten kein Anlass für eine Änderung der Grundlinien der österreichischen Außenpolitik und könne das auch nicht sein, so Fischer.«

Dazu stehe ich. Und mit einem Abstand von zehn Jahren kann man nur bekräftigen: Dieser Brief an Hans Dichand war keine gute Idee.

Alfred Gusenbauer ist ein sehr gebildeter und hochintelligenter Mann, aber er ist in der praktischen Politik schnell gescheitert. Warum?

»Schnell gescheitert« kann man eigentlich nicht sagen, denn er war viele Jahre vor seiner Kanzlerschaft erfolgreich tätig. Aber ich teile die Analyse: Alfred Gusenbauer ist ein intelligenter Kopf, ein scharfer Beobachter, der vieles früher, schärfer und genauer gesehen hat als seine Freunde oder Gegner. Er wäre ein ganz außergewöhnlich erfolgreicher Politiker mit viel längerer Amtszeit geworden, wenn er im gleichen Ausmaß auch das gehabt hätte, was man »politisches Gespür« und Menschenkenntnis nennt. Ich persönlich bin mit Alfred Gusenbauer immer sehr gut ausgekommen, wir haben über seine Zeit als Regierungschef hinaus bis heute gute und freundschaftliche Kontakte. Aber es hat Verhaltensweisen und Entscheidungen von ihm gegeben, die ihm unnötig geschadet haben.

Sie sind 2011 sehr deutlich in Gegensatz zu den Ansichten Ihrer Herkunftspartei geraten, als die SPÖ plötzlich ein Berufsheer angestrebt hat. Sie waren strikt gegen eine Abkehr von der allgemeinen Wehrpflicht. Was ist da passiert?

Als Bundespräsident steht man über den Parteien, aber das heißt nicht, dass man nicht weiter zu bestimmten Grundsätzen und Grundwerten steht. Man ist ja auf der Basis dieser Grundüberzeugungen in das Amt des Bundespräsidenten gewählt worden. Als diese für mich überraschende Kehrtwendung in Richtung Berufsheer gemacht wurde, war ich derjenige, der nach den Bestimmungen der Bundesverfassung »Oberbefehlshaber des Bundesheeres« war. Ich wurde natürlich zu diesem Thema befragt und habe die Meinung, die ich immer hatte, weiter vertreten. Ich hätte mich vor mir selbst geschämt, wenn ich aus missverstandener Parteiloyalität gegen meine durch Jahrzehnte immer wieder bekundete Überzeugung gehandelt hätte, dass für das demokratische und neutrale Österreich eine Wehrpflicht die beste Form ist, die Landesverteidigung zu organisieren. Es hat mir auch niemand einen Vorwurf gemacht. Vielleicht war man nicht erfreut darüber, aber ich habe damals weder von Faymann noch von Häupl oder sonst jemandem ein Wort der Kritik an meiner Haltung gegen ein Berufsheer gehört.

Es hat dann eine Volksbefragung gegeben, bei der es nur am Rande um Wehrpflicht oder Berufsheer gegangen ist, vor allem aber um den Fortbestand des Zivildienstes. Wird mit den Mitteln der direkten Demokratie de facto meist über Sachen abgestimmt wird, um die es eigentlich gar nicht geht?

Ich habe die direkte Demokratie nie als ein Allheilmittel der Politik gesehen, und für diese Meinung haben sich immer neue Beweise angeboten. Ich lasse mich aber auch nicht in die Rolle drängen, der direkten Demokratie grundsätzlich negativ gegenüberzustehen. Ich halte die Direktwahl des

Bundespräsidenten für zweckmäßig, ich halte die Volksbegehren, die schon viel bewirkt haben, für sehr wichtig. Auch die Volksbefragung und die Volksabstimmung sind wertvolle Bestandteile unseres Verfassungssystems. Für sehr problematisch würde ich aber halten, wenn ein von einer Lobby oder einer Zeitung formulierter Gesetzestext, falls er eine bestimmte Zahl an Unterschriften erreicht, de facto zu einem Text wird, an dem der Nationalrat nichts mehr ändern kann, auch wenn er sehr änderungsbedürftig ist und ganz wichtige Argumente unberücksichtigt lässt. Und darüber soll zwingend eine Volksabstimmung gemacht werden? Dazu soll man nur mehr Ja oder Nein sagen können? Dem liegt ein Missverständnis über das Wesen der parlamentarischen Demokratie zugrunde. Und es hat gute Gründe, warum diese Spielart der direkten Demokratie in keinem EU-Staat existiert.

Das steht aber derzeit im Regierungsprogramm: Automatische Volksabstimmung bei mehr als 900 000 Unterschriften für ein Volksbegehren.

Das ist eine weit höhere Unterschriftenzahl, als die FPÖ ursprünglich wollte, und wurde außerdem an das Ende der Legislaturperiode verschoben. Aber der prinzipielle Einwand wird durch eine höhere Unterschriftenzahl nicht aus der Welt geschafft. Wir werden ja sehen, wie die Diskussionen dann laufen und wie lange die Legislaturperiode überhaupt dauern wird – auch das ist ja noch nicht abzusehen. Aber das Grundproblem ist der »Kurzschluss« vom Volksbegehren zur Volksabstimmung unter Verzicht auf vieles, was das Wesen des Parlamentarismus ausmacht.

Kleines Heinz-Fischer-Lexikon

Zwischenruf von Susanne Gaugl
Ehemalige Büroleiterin

1998, damals Nationalratspräsident, machte mich Heinz Fischer zur Leiterin seines Büros. Damit war ich Mitglied des »Team Fischer«. Heinz Fischer ist Teamarbeiter: Strenge Hierarchien sind seine Sache nicht, man arbeitet auf gleicher Augenhöhe, Titel und Funktionen sind nachrangig, was zählt, ist das gemeinsame Interesse an einer Sache, offener Meinungsaustausch und familiärer Umgang miteinander, wobei auch der Humor nicht zu kurz kommen darf.

Beruflich begleitet habe ich Heinz Fischer bis zu seinem Ausscheiden aus dem Amt des Bundespräsidenten im Juli 2016. Mitglied des »Team Fischer« werde ich zeit meines Lebens bleiben.

20 Jahre als Mitarbeiterin eines Spitzenpolitikers sind eine lange Zeit. Aber mit Heinz Fischer zu arbeiten, ist spannend, abwechslungsreich, fordernd – und deshalb kurzweilig. Zudem ist es nur die Hälfte der Zeit, die Bruno Aigner an seiner Seite gewirkt hat. 40 Jahre lang – von 1976 bis 2016 – war er sein Pressesprecher. Was sind dagegen zwei Jahrzehnte?

Als Herbert Lackner mich eingeladen hat, persönliche Erinnerungen an diese Zeit beizusteuern, fiel mir die Wahl schwer. Ich habe mich für das Alphabet als Leitfaden entschieden. Denn das *Naturgeschichtliche Alphabet für größere Kinder und solche, die es werden wollen* von Wilhelm Busch ist eines von Heinz Fischers Lieblingsgedichten aus der Kindheit. Er kann es – wie so vieles – auswendig.

A wie Adrenalin: Ich habe mich oft gefragt, ob Heinz Fischer an chronischer Adrenalin-Überproduktion leidet. Ich kenne niemanden, der dermaßen viel Energie zum Arbeiten hat. Wenn wir Mitarbeiter nach anstrengenden Terminen oder Reisen in den Seilen hingen, reichte ihm eine Dusche oder 20 Minuten Kurzschlaf, um wieder fit im Büro seine Post oder Akten durchzuackern.

B wie Bruno: Zwei Brunos gehören zu Heinz Fischer: Von seinem politischen Übervater Bruno Kreisky hat er so manche Arbeitsweise übernommen (z. B. frage mindestens drei Experten und bilde dir dann deine eigene Meinung). Kreisky-Zitate kennt er zahllose, Kreiskys Tonfall und bedächtiges Sprechtempo imitiert er perfekt. Der zweite ist Bruno Aigner. Er ist sicher der weltweit am längsten dienende – und ich behaupte auch liebenswerteste und treueste – Pressesprecher.

C wie Confiserie: Heinz Fischer liebt Schokolade und Süßigkeiten aller Art. Er füttert auch Umstehende gern damit.

D wie Druckfehler: Wenn in einem Text ein Druckfehler vorkommt, kann man sicher sein, dass Heinz Fischer ihn findet.

E wie Esperanto: Heinz Fischers Eltern haben sich in einem Esperanto-Kurs kennengelernt. Ohne Esperanto hätte es also keinen Bundespräsidenten Heinz Fischer gegeben.

F wie Fotografen: Üblicherweise werden Politiker fotografiert. Gelegentlich jedoch drehte Heinz Fischer den Spieß um: Er griff sich eine Kamera und fotografierte »seine« Fotografen.

G wie Großglockner: Es gibt kaum einen Berg in Österreich, den Heinz Fischer nicht bestiegen hat. Bergwandern gibt ihm Kraft. Bergfremde Büroleiterinnen durften im vertrauten Flachland bleiben.

H wie Humanist: Heinz Fischer ist Humanist. Und Absolvent eines humanistischen Gymnasiums. Altgriechisch war eines seiner Lieblingsfächer. Homers Epos *Ilias* rezitiert er aus dem Effeff. Besonders gerne bei längeren Foto-Terminen.

I wie Ikonen: Kunst und Kultur sind für Heinz Fischer Sauerstoff für Geist und Seele. Ausstellungs-, Museums- und Kirchenbesuche gehörten zu jedem Besuchsprogramm im In- und Ausland. Ein Fischer-Klassiker: »20 Minuten Pause? Da gibt es doch noch diese eine Ikonen-Sammlung, die wir uns unbedingt ansehen sollten.«

J wie Ja: Nein sagen fällt Heinz Fischer schwer. Jeder Termin, jedes Anliegen ist auf seine Weise wichtig und interessant. Also tendiert er zum Ja. Da aber auch der Tag eines Bundespräsidenten nur 24 Stunden hat, musste jemand anderer mit Nein dagegenhalten. Oft war das ich. Sein Terminkalender war das Ergebnis harter Verhandlungen.

K wie Kinder: Heinz Fischer kann mit Kindern. Und Kinder können mit ihm. Viele Schülerinnen und Schüler, die ihn in der Hofburg besucht haben oder deren Schulen er besucht hat, können das bezeugen. Oder Sie fragen seine drei Enkelinnen, wer der beste Opa der Welt ist.

L wie Lauser: Buben und Männer, die er mag, nennt Heinz Fischer gerne Lauser. Jüngeren strubbelt er dabei durch die Haare, was so manche kunstvolle Föhn- oder Gel-Frisur gefährdet hat. Ich habe die Erfahrung gemacht: Der Bundespräsident darf das.

M wie Margit: Seine Frau Margit ist Heinz Fischers Lebensmensch. Ohne sie wäre er auch als Bundespräsident nicht komplett gewesen. Wesentliche Entscheidungen trifft er in Absprache mit »seinem Oberhaus«, wie er sie parlamentarisch-liebevoll nennt.

N wie Natur: Wenn Heinz Fischer nicht regelmäßig ins Grüne kommt, wird er unrund. Naturschutz ist ihm wichtig. Und Präsident der Naturfreunde und als Bundespräsident der Schirmherr der alpinen Vereine Österreichs war er mit Leib und Seele.

O wie Opernball: Unvergessen bleibt mir, wie ich Bundespräsident Heinz Fischer vor seinem ersten Opernball im Februar 2005 von zu Hause abholte. Erstmals im Frack, mit großem Orden. Lockerungsübungen und ein Glas Sekt waren angesagt. Am entspanntesten war Margit.

P wie Protokoll: Protokoll ist für Heinz Fischer etwas Relatives. Er respektiert es, testet aber gerne mal die Grenzen aus.

Q wie Qual: Untätigkeit und lange Wartezeiten sind für ihn eine Qual. Dann erlebt man den ungeduldigen Heinz Fischer. Der Zappelphilipp ist nichts dagegen.

R wie Rede: Als Bundespräsident hielt Heinz Fischer rund 300 Reden pro Jahr. Gut vorbereitet hat er sich auf jede einzelne. Von politisch heiklen Reden gab es bis zu einem Dutzend verschiedene Versionen. Oft ließ er alle liegen und sprach ohne Manuskript.

(Eigentlich sollte es »R wie Rapid« heißen. Aber für Fußball und Heinz Fischer ist Bruno Aigner zuständig.)

S wie Spontaneität: Wenn Bundespräsidenten spontan sind, dann ist das sympathisch, aber bei Protokoll und Sicherheit steigt der Blutdruck. Heinz Fischer ist spontan.

T wie Telex: Wissen Sie noch, was ein Telex ist? In Stresssituationen konnte es passieren, dass Heinz Fischer einen bat, jemandem ein Telex zu schicken. Ein kleiner Rückfall aus dem Computer-Zeitalter in die 70er-Jahre. Man dachte sich, »er ist schon länger im Geschäft«. Und schickte eine SMS-Nachricht oder E-Mail.

U wie Unpünktlichkeit: Selbige ist Heinz Fischer ein Gräuel. Wer zu spät zu Besprechungen kam, brauchte eine echt gute Begründung, um seinen strengen Blick zu mildern. Er selbst ist meist überpünktlich – eine Herausforderung für Mitarbeiter, die dafür sorgen sollten, dass der Bundespräsident nicht zu früh bei Veranstaltungen eintrifft.

V wie Valentinstag: Blumen gehören zur Grundausstattung von Heinz Fischers Wohn- und Arbeitsräumen. Und er liebt es, Blumen zu schenken. Nicht nur am Valentinstag.

W wie Wien: Die schönste Stadt der Welt. Auch aus Sicht von Heinz Fischer. Er versteht es meisterhaft, dies ausländischen Gästen oder Gesprächspartnern zu vermitteln.

X wie Xenokratie oder Xenophanes: Wenn Sie wissen wollen, was das eine oder der andere ist, fragen Sie Heinz Fischer. Man gewöhnt sich daran, dass der Chef ein wandelndes Lexikon ist – und findet es meist ganz praktisch.

Y wie Ypern: Die belgische Stadt Ypern war während des Ersten Weltkriegs Ort grauenvoller Schlachten. Bundespräsident Fischer hat sie anlässlich einer Gedenkfeier auf Einladung des belgischen Königs besucht. Ebenso wie viele weitere Orte der Erinnerung an menschlichen Irrsinn. Abscheu vor Gewalt und Krieg ist für ihn Triebfeder für sein Eintreten für ein geeintes Europa und eine Verrechtlichung internationaler Beziehungen.

Z wie Zahlen: Heinz Fischer liebt Zahlen aller Art. Er kennt etwa die Daten aller Nationalratswahlen der Zweiten Republik, Statistiken und Prozentsätzen gewinnt er viel ab, Kopfrechnen haben wir generell ihm überlassen. Bei Schulbesuchen gab er am liebsten Mathematik-Unterricht – und das gut.

Im neuen Büro in der Hofburg: Wo einst auch »Sisi« wohnte.

2016 und die Zukunft

Zurück zum Nationalismus?

In vielen Staaten Europas regieren heute Rechtspopulisten. Wie kam es dazu, und kann man dagegen überhaupt etwas tun?

Den rot-schwarzen Koalitionsregierungen der letzten Jahre wurde Reformstillstand vorgeworfen. Man hat sich tatsächlich sehr oft gegenseitig gelähmt. Ist eine »Große Koalition« einfach zu wenig handlungsfähig?

Eine Koalition hat Vorteile und Nachteile, wie vieles im Leben. Österreich verdankt der Zusammenarbeit der beiden großen Parteien durch Jahrzehnte hindurch außerordentlich viel. Jemand, der mit Vernunft und Augenmaß die Entwicklung Österreichs seit 1945 beobachtet, wird nicht umhinkommen, von einer Erfolgsstory zu sprechen. Es hat Früchte getragen, dass sich die beiden großen weltanschaulichen Lager zu einer Zusammenarbeit gefunden haben. Viele Fehler und Gefahren der Ersten Republik konnten dadurch verhindert werden. Dass diese Regierungsform nicht fehlerfrei ist und dass es Themen gibt, bei denen sich die Koalitionsparteien nicht einigen konnten, das steht fest.

Und Punkt zwei: Nicht alles, wo jemand Reform drauf-
schreibt, ist deswegen schon eine sinnvolle Reform. Da
werden oft sehr egoistische Interessen bestimmter Gruppen oder parteipolitische Interessen als großes Reformpro-
jekt dargestellt. Etwa anzukündigen, in der AUVA, die einen Verwaltungsaufwand von 90 Millionen Euro hat, bei
der Verwaltung in einem Jahr 500 Millionen ohne Kürzung
der Leistungen einzusparen, ist wenig glaubwürdig. Und
was mir besondere Sorge macht ist die Tatsache, dass die
Sozialpartnerschaft, der Österreich sehr viel verdankt, von
der heute amtierenden Regierung nicht nur nicht geschätzt
wird, sondern dass sehr deutlich an ihrer Demontage gearbeitet wird.

*Große Reformprojekte sind hauptsächlich in Zeiten von Allein-
regierungen gemacht worden. Die ÖVP-Alleinregierung von
1966 bis 1970 hat einen modernen ORF geschaffen. Über die
Reformen der Kreisky-Jahre brauche ich Ihnen ja nichts zu erzählen. Spräche das nicht für ein mehrheitsförderndes Wahlrecht, weil es eine weltanschaulich klar definierte Regierung
schaffen würde?*

Österreich hatte in der Zeit der Monarchie im Abgeordne-
tenhaus ein Mehrheitswahlrecht. Mit der Gründung der
Republik haben sich die damaligen Parteien einstimmig
auf das Verhältniswahlrecht geeinigt. Der große Vorteil des
Verhältniswahlrechtes war und ist, dass es dem Gedanken
der Wahlgerechtigkeit entspricht. Man konnte der Wähler-
schaft sagen: Die Volksvertretung ist in den Proportionen
der Verteilung der Wählerstimmen zusammengesetzt. Dem
gegenüber steht das Mehrheitswahlrecht mit dem Vorteil,

dass die Regierungsbildung in vielen Fällen erleichtert wird, aber dem Nachteil, dass eine Partei mit – sagen wir – 40 Prozent der Stimmen vielleicht 53 Prozent der Mandate hat. Ein Extremfall des Mehrheitswahlrechtes ist Ungarn, wo Orbán mit weniger als 50 Prozent der Stimmen zwei Drittel der Mandate bekommen hat. Ich bin bei Abwägung all dieser Umstände der Meinung, dass ein Verhältniswahlrecht mehr Vorteile hat als ein Mehrheitswahlrecht. Ich hätte allerdings nichts dagegen, dass man maßvolle Verstärker-Effekte in ein Verhältniswahlrecht einbaut, weil die momentane Tendenz in der europäischen Politik offenbar dahin geht, dass sich die Parteilager stärker aufsplittern. Dass es Zwei-Parteien- oder Drei-Parteien-Parlamente in Europa kaum noch gibt und sich auch in Österreich ein Viel-Parteien-System entwickelt hat, das macht die Regierungsbildung in der Tat schwieriger.

Besonders schwierig macht die Sache, dass es eine inzwischen recht große Partei gibt, die als Koalitionspartner nur bedingt infrage kommt.

Das ist sogar die Hauptschwierigkeit. Wenn es in Österreich eine sozialdemokratische, eine christdemokratische, eine liberale und eine grüne Partei gäbe, wäre die Regierungsbildung wesentlich einfacher und das Verlangen nach einem Mehrheitswahlrecht nicht sehr aktuell. Aber so ist es eben nicht.

Die von Ihnen jetzt angesprochene Zerbröselung der traditionellen Lager hat sich besonders 2016 beim ersten Durchgang der Bundespräsidentenwahl gezeigt: Zwei respektable Kandidaten

wie Rudolf Hundstorfer und Andreas Khol lagen da knapp an der
Zehn-Prozent-Marke.

Das war ein in dieser Form von niemandem erwartetes, außergewöhnliches Resultat. Ich hatte im ersten Wahlgang eine andere Stimmverteilung erwartet. Bei dieser Wahl wurde besonders deutlich, dass bei Bundespräsidentenwahlen mehr denn je in der Geschichte der Zweiten Republik nicht primär nach Parteien, sondern nach individuellen Präferenzen abgestimmt wird. Das gilt in bestimmtem Umfang auch für Nationalratswahlen. Das ist eine Entwicklung, die mit der abnehmenden Bindekraft der politischen Parteien einhergeht und zum Beispiel dazu geführt hat, dass eine so traditionelle Partei wie die Österreichische Volkspartei bei den Nationalratswahlen 2017 nicht als ÖVP, sondern als Liste Sebastian Kurz (ÖVP neu) angetreten ist. Kurz hat seine Partei, die ÖVP, nicht als zentrales Wahlargument oder Verstärkung betrachtet, sondern eher versteckt und ist mit seinem eigenen Namen und mit einer neuen Parteifarbe angetreten. Man soll die politischen Parteien aber nicht zu sehr abschreiben, obwohl sie derzeit an Einfluss verlieren. Als die politischen Parteien am stärksten waren, in den ersten Jahrzehnten nach 1945, waren sie in der Verfassung nicht verankert. Mitte der 1970er-Jahre hat man eine verfassungsrechtliche Verankerung der Parteien einstimmig beschlossen. Dort heißt es, dass die Existenz und Vielfalt politischer Parteien ein wesentlicher Bestandteil der Demokratie sind. SPÖ und ÖVP hatten damals jeweils mehr als 700 000 Mitglieder, das war ein viel höherer Prozentsatz an Parteimitgliedern als in Deutschland, Großbritannien, der Schweiz oder sonst wo. Dann hat aber die Bindungsfähigkeit der Parteien immer mehr abgenommen, und es stehen beachtliche Veränderungen des politischen Systems auf der Tagesordnung.

International hat besonders bei den sozialdemokratischen Parteien die Bindungsfähigkeit nachgelassen, in Italien, in Frankreich und in Holland sind sie geradezu zertrümmert worden. Hatte Ralf Dahrendorf doch recht, als er 1983 das »Ende des sozialdemokratischen Jahrhunderts« vorhersah?

Das ist eine oft gestellte Frage. Meine Antwort lautet: Die Analyse von Ralf Dahrendorf hat einen wahren Kern, und zwar insofern, als das 20. Jahrhundert tatsächlich ein sozialdemokratisches Jahrhundert war. Im 21. Jahrhundert ist noch vieles offen. Wir werden sehen, ob es überhaupt das Jahrhundert einer politischen Partei sein wird oder ein Jahrhundert mit neuen politischen Strukturen, mit neuen Institutionen, mit neuen Problemstellungen, in dem die traditionellen politischen Fragestellungen, wie sie im 20. Jahrhundert auf den Tagesordnungen waren, von neuen abgelöst werden, die sich durch die technologische Entwicklung, durch die Digitalisierung, den Umsturz in der Kommunikation und die globalen Kräfteverschiebungen ergeben. Wir wissen heute über das 21. Jahrhundert etwa so viel, wie man im Jahr 1918 über das 20. Jahrhundert gewusst hat. Der geistige Wettbewerb um die Gestaltung des 21. Jahrhunderts ist voll im Gange. Dabei hat aber eine politische Bewegung, die sich der Demokratie, der sozialen Gerechtigkeit, einer offenen Gesellschaft und nicht einem nationalistischen und egoistischen Europa widmet, gute Karten. Ein Programm, in dessen Mittelpunkt der »Kampf« gegen Flüchtlinge steht, erscheint mir auf Dauer zu wenig.

Im ersten Fünftel dieses Jahrhunderts sind bereits Sachen passiert, die man nicht für möglich gehalten hat: Eine Terrorwelle mit furchtbaren Kriegsfolgen, Flüchtlingsheere, Brexit, Donald Trump. »Die Welt ist aus den Fugen« hat Shakespeare geschrieben. Passt auch heute irgendwie.

Hat aber zumindest seit der Entdeckung Amerikas durch Christoph Kolumbus immer »irgendwie« gepasst. Die Geschichte war nie ein harmonischer, geradliniger Prozess. Wenn ich mir die unglaublich dramatischen Entwicklungen und Wendungen im 19. Jahrhundert und erst recht im 20. Jahrhundert anschaue – der Ausbruch des Ersten Weltkriegs, die Russische Revolution, der Zerfall des Osmanischen Reiches, der Aufstieg des Faschismus, der Zweite Weltkrieg, der Holocaust, Hitler und Stalin, die Revolution von Mao Tse-tung, der Abwurf von Atombomben –, da wage ich zu hoffen, dass das 21. Jahrhundert weniger aus den Fugen gerät als das 20. Jahrhundert – wobei das von uns selbst, von den Menschen abhängt.

Aber wenn Leute wie Donald Trump plötzlich an der Spitze des mächtigsten Staates der Welt stehen – da staunt man dann schon.

Was das hinter uns liegende Jahr betrifft, ist »staunen« ein sehr vorsichtiger Ausdruck. Aber man kann über Donald Trump noch keine endgültige Bilanz ziehen, da sind noch Varianten möglich – von einem Donald Trump, der im Jahr 2019 zurücktritt oder zurücktreten muss und als Episode in die Weltgeschichte eingeht, über einen Donald Trump, der eine Fehlentscheidung trifft und damit einen militärischen Konflikt auslöst, dessen Folgen ich mir gar nicht vorstellen will, bis zu einem 2020 wiedergewählten Donald Trump. Da ist noch vieles im Fluss.

In Europa sind derzeit rechtspopulistische Parteien am Vormarsch oder bereits an der Macht – in Ungarn, Polen, Italien. Wieso ist diese in Österreich als erstem Land aufgetretene politische Tendenz so mächtig geworden?

Das ist eine sehr interessante Frage. Ich möchte eine Antwort von drei Seiten her versuchen. Erstens: Die 50 Jahre nach dem Zweiten Weltkrieg waren eine Erfolgsstory, wenn man sich ansieht, wie viele Lebenschancen sich vergrößert haben. Es war ein permanenter Aufbruch über zwei Generationen hinweg. Dieser »Lift nach oben« hat seine Geschwindigkeit stark verlangsamt. Ich sage nicht, dass er stehen geblieben ist, aber er hat seine Geschwindigkeit verlangsamt. Das hat zur Folge, dass die Menschen Unbehagen verspüren, Angst haben, dass es ihren Kindern nicht mehr besser gehen wird, und nach Schuldigen und Sündenböcken suchen. Das Zweite ist, dass der Nationalismus, der nationalistische Egoismus, der populistische Nationalismus, etwas sehr Gefährliches ist und großes Konfliktpotenzial in sich trägt. Der aggressive, ungehemmte rassistische Nationalismus hat zum Hitlerismus und in den Zweiten Weltkrieg geführt, hat den seit langem existierenden latenten und oft lautstarken und rücksichtslosen Antisemitismus auf die Spitze getrieben und sich letztlich das wahnsinnige Ziel gesetzt, das Judentum auszulöschen. Diese Art von Nationalismus hat 1945 ausgespielt und liegt hinter uns. Aber jetzt, zwei oder drei Generationen später, beginnen sich neue und »weichere Formen« eines populistischen Nationalismus zu entwickeln, die von sich behaupten, sie hätten mit dem, was zur Zeit der Großeltern und der Urgroßeltern geschah, nichts zu tun. Das ist in personeller und in vieler anderer Hinsicht auch sicher richtig, aber es ist dennoch ein problematischer und egoistischer Nationalismus, der da in verschiedenen Ländern Europas an Boden gewinnt und der die Kraft haben könnte, Europa von einer positiven und friedlichen Entwicklung, wie sie in den letzten Jahrzehnten zu verzeichnen war, abzubringen. Und drittens: Die Unberechenbarkeit der gesellschaftspolitischen und internationalen Entwicklung wird derzeit nicht kleiner, sondern eher größer. Wie geht es weiter mit der Europäischen Union, mit Russland, in Syrien, mit der Türkei, wie geht es weiter mit der Digitalisierung, mit unserer eigenen Demokratie? Unsicherheit über die Zukunft schafft Angst, und Angst kann Menschen nicht nur krank, sondern auch illiberal und aggressiv machen.

Und was tut man dagegen?

Diese Probleme und diese Entwicklungen ernst nehmen, nicht wegschauen und die Erinnerung an die Geschichte wachhalten. Wenn Churchill recht hatte mit dem Satz, dass die Demokratie von allen Regierungsformen die schlechteste ist – aber mit Ausnahme aller anderen –, dann ist sie nicht nur eine gute, sondern die beste Regierungsform. Und darauf vertraue ich. Populismus und Nationalismus spielen auf dem Klavier der Emotionen, haben den Egoismus als Stütze und können Massen in Begeisterung versetzen. Aber so lange die Demokratie funktioniert, sind ihnen Grenzen gesetzt: Die Meinungsfreiheit, die Gewaltenteilung, die Verfassungsgerichtsbarkeit, starke und unabhängige Gewerkschaften, eine hellwache Zivilgesellschaft – das sind Verbündete im Kampf für eine demokratische und pluralistische Gesellschaft.

Würden Sie die gegenwärtige österreichische Regierung als rechtspopulistisch bezeichnen?

Dass es eine Rechts-Regierung ist, bezweifelt niemand, schließlich besteht sie aus einer Rechtspartei und einer »Noch-weiter-rechts-Partei«. Und dass die Regierung einem im Meinungs-Windkanal getesteten Populismus huldigt, der von einer gut geölten Medienmaschinerie samt »Message-Control« unters Volk gebracht und vom Boulevard bejubelt wird, kann man täglich beobachten. Es sind also die Elemente »rechts« und »populistisch« deutlich erkennbar vertreten.

Und der Bundeskanzler selbst? Was halten Sie von ihm?

Er ist jetzt – wo wir dieses Gespräch führen – etwa sechs Monate im Amt, da wird schon vieles deutlich sichtbar, zum Beispiel eine hervorragende Medienarbeit. Für eine fundierte Beurteilung ist es vielleicht noch zu früh. Trotzdem will ich ein paar Beobachtungen formulieren: Er ist sicher der Steuermann für den Regierungskurs nach rechts. Er hat Eigenschaften, die ihm gerade bei diesem Regierungskurs zugutekommen. Die Art, wie er seinen Vorgänger und Parteiobmann Reinhold Mitterlehner ins Out gedrängt hat, hat mir ehrlich gesagt nicht gefallen. Die Art, wie er die Sozialpartnerschaft zu schwächen und beiseite zu drängen versucht, heißt, dass wichtige Lehren aus unserer Geschichte in den Wind geschlagen und vernachlässigt werden. Damit wird einer der großen Standortvorteile Österreichs – soziale Stabilität, soziale Ausgewogenheit und die Fähigkeit und Bereitschaft zum Kompromiss – aufs Spiel gesetzt. Das kann mittelfristig sehr unangenehme Folgen haben. Auch über die Europapolitik bin ich manchmal erstaunt. Das Koalitionsabkommen enthält – aus verständlichen Gründen – viele richtige Worte zu Europa. Aber die Grundphilosophie aller Europafreunde ist doch, dass die der Europäischen Union freiwillig und nach einem Aufnahmeansuchen beigetretenen Länder »eine immer engere Zusammenarbeit« anstreben. Davon ist in Österreich – und auch in einigen anderen Staaten, die ich nicht aufzählen muss – in der letzten Zeit wenig zu merken. Mehr und mehr rückt nicht die immer engere Zusammenarbeit, sondern das Wort »Subsidiaritätsprinzip« in den Vordergrund. Das heißt, Kompetenzen, die wir bereits einstimmig der EU übertragen haben, sollen wieder nationalisiert werden. Ob uns das weiterbrint? Auch die Diskussionsbeiträge zum EU-Budget entsprechen nicht dem Leitmotiv der immer engeren Zusammenarbeit.

Sebastian Kurz ist der 13. Bundeskanzler in der Geschichte der Zweiten Republik, wie viele seiner Vorgänger haben Sie persönlich gekannt?

Dem ersten Bundeskanzler der Zweiten Republik, Leopold Figl, bin ich das erste Mal 1948 als Kind begegnet. Ich war damals noch nicht zehn. Figl war ein begeisterter Jäger, und mein Onkel Otto Sagmeister, der in der ersten Regierung

Figl Ernährungsminister war, hatte in Oberösterreich am Fuße des Sengsengebirges eine Jagd gepachtet. An einem Wochenende im Sommer 1948 war Bundeskanzler Figl mit seiner Gattin und seinem halbwüchsigen Sohn im Jagdhaus in der sogenannten Hopfing zu Gast. Er war kleiner, als ich ihn mir vorgestellt hatte, aber er war mir sehr sympathisch. Figls Nachfolger war der »Staatsvertragskanzler« Julius Raab, den ich nicht persönlich kannte. Mit Gorbach, dem dritten Kanzler der Zweiten Republik, hatte ich so wie mit allen nachfolgenden Regierungschefs bereits beruflichen Kontakt. Dabei hat mir Kreisky am meisten imponiert, und er hat mich auch am meisten motiviert. Er hatte einen enormen Einfallsreichtum in der Politik, aber auch viele Interessen auf anderen Gebieten. Auf seine politische Fantasie und seine Reformbemühungen passt der Spruch, wonach die Existenz einer Utopie die Voraussetzung dafür ist, dass diese Utopie eines Tages aufhört, bloße Utopie zu sein. Anders formuliert, man muss das unmöglich Erscheinende anstreben, um ein Maximum des Möglichen zu erreichen. Vielleicht ist das auch eine gute Gelegenheit, um die rund ein Vierteljahrhundert unermüdlich an der Seite Bruno Kreiskys arbeitenden Büroleiterin Margit Schmidt zu erwähnen, die vor, während und nach seiner Kanzlerzeit – buchstäblich bis zu Kreiskys letztem Atemzug – seine tüchtige, umsichtige, diskrete, loyale und unermüdliche Mitarbeiterin war. Ich habe also fast alle Bundeskanzler der Zweiten Republik kennengelernt und viele davon als Gesprächspartner geschätzt. Es ist für mich faszinierend, wie unterschiedlich die Persönlichkeiten waren, die dieses Amt ausgeübt haben. Das gilt wohl auch für die Bundespräsidenten.

In der politischen Diskussion der letzten Jahre überlagert das Migrationsthema alles andere. Ist das die Kulisse, vor der dauerhaft Politik gemacht werden wird?

Was heißt dauerhaft? Wahr ist, dass »forced migration«, verstanden als die durch Krieg oder besonders schwierige Lebensumstände ausgelöste Migration, in den letzten 30 Jahren ins Zentrum der Aufmerksamkeit gerückt ist oder auch gerückt wurde. Die mit Abstand meisten Zuwanderer in Österreich kommen, wie wir wissen, relativ problemlos aus EU-Ländern. Es geht also nicht nur um Immigration an sich, sondern es geht vor allem um Immigranten oder Asylsuchende aus anderen Kulturen. Und da sind bestimmte Grundängste in fast allen europäischen Bevölkerungen vorhanden, nicht nur in der österreichischen. Unsere Aufgabe ist es, mit den Ängsten und Problemen fertigzuwerden, die es auf diesem Gebiet gibt. Dazu gehört auch eine grundrechtsbewusste Kontrolle der Zuwanderung. Eine besonders wichtige Aufgabe und große Verantwortung ist es allerdings zu sagen: Auch wenn wir Regeln für die Migration brauchen, auch wenn wir unsere Grenzen kontrollieren, auch wenn wir prüfen müssen, wie viele Menschen bei uns Aufnahme finden können, so muss das doch unter Bedachtnahme auf internationales Recht und das Prinzip der Menschenwürde geschehen. Wenn wir die Menschenwürde als Grundprinzip hochhalten, werden wir mit dem Problem gemeinsam zurechtkommen und können uns auch gemeinsam in den Spiegel schauen. Wenn man aber an allen Ecken und Enden spürt, dass gegen Einwandernde aus anderen Ländern, Kulturen und Religionen Stimmung gemacht wird, wenn man sie zu Menschen zweiter Klasse mit minderen Rechten macht, für die eine Mindestsicherung eben kein Minimum ist, wenn man »bei den Menschen« nicht spart, wohl aber bei Flüchtlingen, dann wird das Problem nicht »gelöst«, sondern unlösbar. Eine verantwortungsbewusste und faktenbasierte Migrationspolitik auf der Basis der Gleichwertigkeit aller Menschen und auf der Basis der Wahrung ihrer Menschenwürde – das ist der zentrale Punkt. Und dafür sind auch viele Österreicherinnen und Österreicher, Christen und Nicht-Christen, Konservative und Fortschrittliche, Stadt- oder Landbewohner zu gewinnen. Wenn wir das nicht zustande bringen oder gar nicht zustande bringen wollen, dann wird die nächste und übernächste Generation wieder einmal sehr kritische Fragen über das Verhalten ihrer Eltern und Großeltern stellen.

Als 2015 der große Flüchtlingsstrom nach Mitteleuropa einsetzte: Wäre diese Situation damals anders zu managen gewesen?

Mit der Weisheit des Rückblicks sage ich: Ja. In der Zeit der Schüssel-Haider-Regierung von 2000 bis 2006 war die Zahl der Asylansuchen und die Zahl der Einbürgerungen ausländischer Staatsbürger nicht geringer als heute und teilweise sogar höher als in den anschließenden Jahren der Regierungen Gusenbauer oder Faymann. Aber das Ansteigen auf über 80 000 Asylansuchen im Jahr 2015 hat sowohl physische als auch moralische Dämme gesprengt. In dieser Situation hat die europäische Flüchtlingspolitik nicht funktioniert, die österreichische Bundesregierung war zerstritten, es gab die Sorge, dass die Zahlen im nächsten Jahr noch größer werden könnten, und der Versuchung, parteipolitische Vorteile aus der Situation zu ziehen, haben manche nicht widerstehen können. Die Flüchtlingszahlen sind inzwischen stark gesunken, aber das heißt nicht, dass dies aufhört, ein kontroversielles, den Populismus befeuerndes Thema zu sein.

Waren Sie 2015 auch am Westbahnhof? Das ist ja inzwischen eine Fahnenfrage.

Ja, ich war am Westbahnhof, und ich bin stolz, dass ich als Bundespräsident versucht habe, ein Zeichen zu setzen. Ich habe mich in guter Gesellschaft gefühlt mit Vertretern der Religionsgemeinschaften, der karitativen Organisationen, vielen »einfachen« Bürgern und vielen Journalisten. Wenn man die alle abschätzig als »Gutmenschen« bezeichnet, dann sage ich: Ich bin lieber ein Gutmensch als ein »Schlechtmensch«. Und noch etwas: In 20 oder 30 Jahren werden Geschichtsbücher, Memoiren und Dokumentationen erscheinen, Filme gedreht werden und Akten veröffentlicht werden, die ein ungeschminktes Bild der Gegenwart zeigen. Mir ist sehr wichtig, dass Österreich dabei gut abschneidet und künftige Generationen nicht beschämt und verständnislos den dabei sichtbar werdenden Fakten gegenüberstehen. Flüchtlinge sind Menschen. Aus diesem Faktum müssen Konsequenzen gezogen werden, und zwar Konsequenzen, die vor dem oft beschworenen europäischen Menschenbild bestehen können.

Sie sind jetzt seit 65 Jahren politisch tätig, davon 56 Jahre hauptberuflich. Reicht das jetzt?

Natürlich reicht das, und deshalb habe ich ja auch keine politischen Funktionen mehr. Ich bin vor 65 Jahren zu den Sozialistischen Mittelschülern gestoßen und am 12. Februar 1956 der SPÖ beigetreten. Berufstätig in der Politik war ich ab 1. Jänner 1962 als Jurist im Parlament.

Mit dieser Verweildauer werden Sie gerade noch von Fidel Castro und Karl Blecha geschlagen. Hätten Sie sich je einen anderen Beruf vorstellen können?

Sicher. Ich habe schon erwähnt, dass ich auch in der Zeit, in der ich schon im Parlament gearbeitet habe, noch Anwalt werden wollte. Das hätte mir sicher auch Freude gemacht. Und mein zweites Interesse galt der Wissenschaft.

Der Rechtswissenschaft?

Der Rechts- und Staatswissenschaft, der politischen Wissenschaft, der Geschichtswissenschaft – das alles hat mich immer interessiert und wäre auch als Berufsweg infrage gekommen. Es hat sich ja dann die Möglichkeit zur Habilitation an der Universität Innsbruck eröffnet – übrigens durch den früheren Justizminister in der ÖVP-Alleinregierung Professor Hans Klecatsky. Er hat meine Habilitation in Innsbruck, einem damals sehr konservativen Milieu, sehr unterstützt und angeregt.

Wie kam das?

Ich habe Universitätsprofessor Hans Klecatsky, der in der Regierung Klaus vier Jahre lang Justizminister war, im

Sommer 1975 nach einer Diskussion über Verfassungsfragen in Alpbach mit meinem Auto zur Bahn nach Wörgl mitgenommen. Er war ja damals nicht mehr Minister, sondern Ordinarius an der Universität Innsbruck. Während dieser relativ kurzen Autofahrt hat er zu mir gesagt: »Was Sie da in Alpbach referiert haben, habe ich sehr interessant gefunden, und ich kenne auch manche Ihrer Publikationen. Sie haben ja auch den ersten Kommentar zur Geschäftsordnung des Nationalrates seit der Gründung der Republik geschrieben. Wieso haben Sie eigentlich nie versucht, sich an der Universität Wien zu habilitieren?« Ich habe ihm geantwortet, dass das ziemlich aussichtslos wäre. Ich bin als Sozialdemokrat abgestempelt, habe mich in der Causa gegen Professor Borodajkewycz exponiert und hätte in Wien kaum Chancen. Darauf hat er kurz nachgedacht und dann gesagt: »Na, dann schicken Sie mir einmal die wichtigsten Texte, die Sie publiziert haben. Könnten Sie sich vorstellen, ein Habilitationsansuchen an die Uni in Innsbruck zu stellen?« Meine Antwort war: »Herr Professor, ich schicke Ihnen das gerne, und dann reden wir weiter.« Ich habe damals Bruno Kreisky gefragt, wie er das beurteilt, und der hat sofort gesagt: »Das ist eine schöne Chance, das solltest du machen.« Dann habe ich auch mit Christian Broda geredet, der war etwas zurückhaltender und hat gemeint: »Da musst du schon vorsichtig sein. Du hast ja Klecatsky während seiner Ministerzeit bei manchen Themen deutlich kritisiert, etwa in Zusammenhang mit Strafrechtsfragen. Es wäre unangenehm, wenn du als bekannter Parlamentarier ein Habilitationsansuchen stellst, und dann schaffst du es nicht.« Trotzdem habe ich den Antrag auf Einleitung eines Habilitationsverfahrens an die

Universität Innsbruck geschickt. Klecatsky hat mir später, nachdem das Verfahren schon positiv abgeschlossen war, die Kopie des Briefes eines hochrangigen ÖVP-Parlamentariers gezeigt, der ihm heftige Vorwürfe machte, weil er einen Sozialdemokraten zur Habilitation nicht nur zugelassen, sondern sogar dazu animiert hat. Aber Klecatsky war wirklich fair. Es ist eine sehr große Habilitationskommission eingesetzt worden, und als Vorsitzender wurde ein deutscher Universitätsprofessor bestellt, der nicht im Verdacht stand, in die österreichische Innenpolitik eingreifen zu wollen. Das Verfahren bestand damals aus drei Abschnitten: die Prüfung der vorgelegten schriftlichen Arbeiten, das Habilitationskolloquium und die einsemestrige Probevorlesung. Und dann habe ich vom Vorsitzenden der Habilitationskommission im Dekanat eine gute Nachricht erhalten: »Verfahren positiv beendet.« Der Akt über die erfolgreiche Habilitation wurde an Wissenschaftsministerin Hertha Firnberg geschickt. Sie hat mich angerufen, mir gratuliert und mich ins Ministerium eingeladen. Als ich zu ihr gekommen bin, hatte Hertha auf ihrem Schreibtisch eine Flasche Champagner stehen, und wir haben auf die Universität Innsbruck, auf Professor Klecatsky und meine Dozentur angestoßen.

Und nach Ihrem Ausscheiden aus der Funktion des Bundespräsidenten im Juli 2016 haben Sie dann begonnen, Vorlesungen zu halten. Wie haben sich die Studenten seit Ihren eigenen Hochschultagen verändert?

Anfang 2016 hat mich die Universität Innsbruck in der Person des Rektors eingeladen, nach dem Ende meiner Amtszeit wieder Vorlesungen zu halten, und ich habe diese Einladung für das Wintersemester 2016/17 und für das Wintersemester 2017/18 angenommen. Das hat mir viel Freude gemacht. Bei der Antrittsvorlesung im Oktober 2016 waren mehrere hundert Studierende anwesend, die Vorlesung musste auf Bildschirmen in zwei weitere Hörsäle übertragen werden. Die jungen Menschen, die heute studieren, habe ich als sehr interessiert, ziemlich selbstbewusst und sehr proeuropäisch kennengelernt.

In den vergangenen Monaten ist eine neue Generation in Führungsfunktionen nachgerückt. Es gibt einen neuen Kanzler, eine neue Regierung, neue Chefs in den Kammern, ein neues Nationalratspräsidium, einen neuen ÖGB-Präsidenten. Werden sie ihre Sache besser machen als die Vorgänger?

Meine Schwester, Dr. Edith Stumpf, der ich mich besonders verbunden fühle, ist Altphilologin und hat mich kürzlich auf den griechischen Dichter Pindar aufmerksam gemacht, der vor rund 2500 Jahren lebte und von dem der Satz stammt: »Für die Zukunft ist auch die Klugheit blind.« Besonders stark wurde mir das bewusst, als ich vor einigen Monaten ein Buch in die Hand nahm, das zu Beginn des 20. Jahrhunderts erschienen ist und versucht hat, die Welt zu Beginn des 21. Jahrhunderts zu beschreiben. Es war alles unrichtig, was damals erwartet wurde. Das hat mich auch nicht sehr überrascht, denn wenn ich darüber nachdenke, wie Österreich und Europa in, sagen wir, 30 Jahren aussehen könnte, dann darf ich nicht außer Acht lassen, wie wenig man eben in Österreich und Europa im Jahr 1900 darüber gewusst hat, wie es 1930 – also in viel weniger als 100 Jahren – aussehen wird, und wie wenig man 1930 gewusst hat, wie es 1960 aussehen wird. Bestehende Tendenzen geradlinig in die Zukunft zu extrapolieren, ist kein taugliches Instrument, um ein wahrscheinliches Zukunftsszenario zu erhalten. Das Einzige, was sich nicht ändert, ist die Tatsache, dass sich immer sehr vieles ändert. Ich bleibe aber Optimist und hoffe, dass die derzeit stärker gewordenen Tendenzen in Richtung Nationalismus, Egoismus und Illiberalität keine Dauerströmung bleiben wird. Vielmehr müssen sich Weltoffenheit, Aufgeschlossenheit, Solidarität, Pluralismus und Toleranz wieder durchsetzen.

Wie beurteilen Sie eigentlich die neue Rolle der SPÖ als Oppositionspartei und auch die Rolle von Oppositionsführer Christian Kern?

Ich habe mich bemüht, in unserem Gespräch keine Zensuren zu verteilen. Aus meiner Erfahrung der Jahre 1966, 1970, 2000 und 2006, in denen es jeweils einen Regierungswechsel gegeben hat, weiß ich, dass es eine neu ins Kanzleramt kommende Partei wesentlich leichter hat, als eine aus der Regierung in die Opposition wechselnde Partei. Die einen haben Rückenwind aufgrund des »Aufstieges«, die anderen haben Gegenwind infolge des Wechsels auf die Oppositionsbank. Christian Kern hat etwas sehr Mutiges und sehr Anständiges getan: Er war sich nach dem Ausscheiden aus dem Amt des Regierungschefs für das Amt des Oppositionschefs nicht zu gut, obwohl er sich damit hämischen und unfairen Zwischenrufen ausgesetzt hat. Und er erfüllt auch alle Voraussetzungen für diese Aufgabe: wissensmäßig, charakterlich, erfahrungsmäßig und rhetorisch. Bestimmte Zwischenrufe sind da sehr entbehrlich. Seine schwierige Aufgabe besteht ja nicht nur darin, die größte Oppositionspartei zu führen. Er muss auch dabei mitwirken, dass es in Österreich trotz allem ein möglichst großes parteiübergreifendes Lager von Menschen gibt, das sich zu den Errungenschaften der Zweiten Republik bekennt, also zu einer lebendigen, pluralistischen Demokratie und zu den europäischen Grundwerten.

Eine indiskrete Frage: Spüren Sie das Alter?

Natürlich. Niemand ist alterslos. Aber ich war gerade vor wenigen Wochen im AKH, und der Check war in Ordnung. Natürlich spüre ich, dass die Berge jedes Jahr ein Stückerl steiler werden und man öfter und schneller Kreuzweh kriegt, wenn man auf der Hohen Wand Bäume setzt und dabei einen Krampen benützen muss. Es gibt ja den schönen Spruch: »Wenn du in der Früh aufwachst und es tut dir gar nichts weh, dann weißt du: Du bist gestorben.«

Mittendrin im Leben danach

Fischers Büro heute: Fotos seiner Lebensmenschen, Kunst von Freunden, ein Schreibtisch, ein Radio, ein Fauteuil. Und wenn er will, kann er kontrollieren, wann in der Präsidentschaftskanzlei Arbeitsschluss ist.

Von Herbert Lackner

Aus dem Fenster seines kleinen Büros sieht er auf den ältesten Teil der Hofburg, den Schweizertrakt. Dessen Kern ließ der in Wien sehr beliebte böhmische König Ottokar II. Přemysl Mitte des 13. Jahrhunderts bauen, bevor ihn der erste Habsburger, Rudolf, in einer Ritterschlacht im Weinviertel besiegte, wo Ottokar tot herniedersank. Seit er aus seinem hohen Amt geschieden ist, sitzt Heinz Fischer dem Schweizertrakt gegenüber in der sogenannten Amalienburg, erbaut im 16. Jahrhundert. Hier wohnte Kaiser Karl, der letzte Habsburger-Herrscher. Auch Sisi hatte in der Amalienburg eine Wohnung.

Zu einem großen Vierkanter verbunden werden Schweizertrakt und Amalienburg durch den Reichskanzlei-Trakt, in dem Kaiser Franz Joseph wohnte, wenn er nicht in Schönbrunn war, und dem Leopoldinischen Trakt, wo Maria Theresia und ihr Sohn Joseph residierten. Und viele Jahre später Heinz Fischer.

Sein heutiges Büro liegt im obersten Stockwerk des Amalientraktes. Hier, hoch über dem Burghof, sind die Gänge immer noch breit, aber die Räume sind niedriger als in den prunkvollen Teilen des Gebäudes. Hier heroben waren dereinst wohl die Büros der habsburgischen Herrschaftsverwaltung untergebracht.

Aus den fast aus dem Boden wachsenden Fenstern lassen sich fast 700 Jahre Geschichte sehen. Heinz Fischer könnte sogar kontrollieren, wann in der Präsidentschaftskanzlei abends die Lichter ausgehen. Aber er schaue nicht oft aus den Fenstern, sagt der ehemalige Bundespräsident, »nur wenn ich aus dem Burghof die Bundeshymne höre, dann riskiere ich einen Blick nach unten«.

Sein Büro gehört zum Bundeskanzleramt, auch wenn der Kanzler selbst drüben auf der anderen Seite des Ballhausplatzes sitzt. Der Ex-Präsident ressortiert als Verantwortlicher für die Gedenkveranstaltungen des Jubiläumsjahres 2018 zum Kanzleramt, so wie Regierungssprecher Peter Launsky, der zwei Etagen unter Fischer sein Büro hat.

Hier ist nicht mehr so viel Platz wie früher drüben im Leopoldinischen Trakt, darum ist jedes Stück, das Heinz Fischer mitgenommen hat, sorgsam ausgewählt: Ein Foto mit Margit beim Bergsteigen, ein Foto mit Bruno Kreisky; ein drittes Foto stammt aus dem Jahr 1963, aufgenommen in der Wohnung von Justizminister Christian Broda. Der junge Parlamentsjurist Heinz Fischer sitzt da neben dem von ihm tief verehrten Hans Kelsen, dem Schöpfer der österreichischen Bundesverfassung, auf einem Sofa. Die ins neue Büro mitgenommene Kunst ist nach dem Gesichtspunkt der persönlichen Beziehung zum Künstler ausgewählt. Das große Bild an der Wand hinter dem Schreibtisch hat sich Heinz Fischer im Atelier von Wolfgang Hollegha ausgesucht. Auch den 1975 verstorbenen Bildhauer Fritz Wotruba, von ihm stammt im neuen Arbeitszimmer die Plastik »Marianne«, hat Fischer noch selbst gekannt. Sein Jugendfreund, der nunmehrige Galerist John Sailer, hat ihn dem großen Meister einst vorgestellt. Adolf Frohner, der mit einer Zeichnung vertreten ist, war ein alter Freund Heinz Fischers, ein kraftvoller Mann, der 2007 ganz plötzlich verstarb.

Die zweite Plastik in Heinz Fischers Büro ist ein Werk des Vorarlberger Bildhauers Herbert Albrecht. Der damalige Bundespräsident bekam sie als Geschenk der Landeshauptleute-Konferenz zu seinem 70. Geburtstag. Das ist jetzt zehn Jahre her, nur der Burgenländer Hans Niessl ist aus diese Runde noch im Amt, und auch er ist schon eher *in statu abeundi*.

Nein, sagt Fischer: Auch wenn unten vom Burghof die Bundeshymne heraufklingt, weil wieder ein Staatsgast mit militärischen Ehren empfangen wird, denke er nicht wehmütig an die Zeit zurück, als er noch selbst die Ehrenkompanie abgeschritten ist, »als Jahrgang 1938 muss man nicht mehr überall dabei sein«.

Sein Wecker klingelt: Jetzt beginnt das Mittagsjournal. Heinz Fischer eilt zum Radio und dreht ihn auf. Wenig später öffnet sich die Tür, die Sekretärin bringt einen Stapel Papiere, die unbedingt noch über das Wochenende durchgesehen werden müssen. Die Flugkarten für Berlin seien bestellt, und in 20 Minuten beginne die Veranstaltung, für die er eine Begrüßungsansprache zugesagt habe.

Der Pensionist Heinz Fischer eilt zum Lift …

Namensregister

»Diskussionen über Demokratie und Demokratisierung, über Populismus, Nationalismus, über Wirtschaftsperspektiven und soziale Gerechtigkeit, über Umwelt- und Klimafragen, über Flüchtlinge und Menschenrechte, über Terror und Sicherheit, die Weiterentwicklung Europas und viele andere Themen stehen auf der Tagesordnung. Wir wollen mit diesem Buch einen Beitrag zu diesen Diskussionen leisten.«

Heinz Fischer und Christoph Leitl erklären, warum man trotz mancher beunruhigender Entwicklung in Österreich und Europa optimistisch bleiben soll, und wie Österreich aus der Vergangenheit lernen und in eine erfolgreiche Zukunft finden kann.

Heinz Fischer, Christoph Leitl
Österreich für Optimisten

142 Seiten, ISBN: 978-3-7110-0158-0

ecoWIN

Dass es sich für Österreich und für Europa zu kämpfen lohnt,
ist Inhalt dieser Wortmeldung. Heinz Fischer kennt Österreich
von Grund auf. Er hat das Ende des Zweiten Weltkrieges und
die Entstehung der Zweiten Republik als Kind miterlebt und das
Land später mitgestaltet.

Er hat Zerstörung, Krieg und Leid gesehen, aber auch
das Wiedererblühen danach. Und er weiß, dass Österreich die
Chance und die Wahl hat, voller Selbstvertrauen und
Zuversicht voranzuschreiten.
Damit das Gute bleibt und das Bessere kommen kann.

Heinz Fischer
Eine Wortmeldung

77 Seiten, ISBN: 978-3-7110-0118-4

ECOWIN